ÉTUDES

ETHNO-GÉOGRAPHIQUES

SUR

L'ARABIE.

Typographie de Firmin Didot frères, rue Jacob, 56.

ÉTUDES

GÉOGRAPHIQUES ET HISTORIQUES

SUR

L'ARABIE,

ACCOMPAGNÉES D'UNE CARTE DE L'ASYR
ET D'UNE CARTE GÉNÉRALE DE L'ARABIE;

SUIVIES DE LA RELATION DU VOYAGE

DE MOHAMMED-ALY

DANS LE FAZOQL,

AVEC DES OBSERVATIONS

SUR L'ÉTAT DES AFFAIRES EN ARABIE ET EN ÉGYPTE,

PAR M. JOMARD,

MEMBRE DE L'INSTITUT DE FRANCE, MEMBRE CORRESPONDANT DES ACADÉMIES ROYALES
DES SCIENCES DE BERLIN, NAPLES, TURIN ET MADRID, ET DE PLUSIEURS
SOCIÉTÉS SAVANTES, NATIONALES ET ÉTRANGÈRES, OFFICIER
DE LA LÉGION D'HONNEUR.

PARIS,

LIBRAIRIE DE FIRMIN DIDOT FRÈRES,

IMPRIMEURS DE L'INSTITUT,

RUE JACOB, 56.

1839.

OBSERVATION PRÉLIMINAIRE.

Si ce livre eût paru l'année dernière, comme il
le devait, ou au commencement de la présente année, il aurait peut-être été accueilli avec défaveur,
comme écrit par une personne engagée à la cause
de Mohammed-Aly. En effet, M. F. Mengin a déjà
consacré deux volumes à exposer les réformes et les
améliorations opérées en Égypte sous le gouvernement de ce prince. A cette époque, l'ouvrage
aurait été jugé suspect de partialité. Aujour-
d'hui, que des événements si graves et si im-
prévus sont venus coup sur coup changer la
face des affaires et modifier l'opinion, on doit
craindre un peu moins pour l'ouvrage un jugement défavorable : qu'il me soit permis également d'espérer l'indulgence du lecteur pour la
part que j'y ai prise. Rien donc n'a dû être changé
aux idées ni aux expressions de M. Mengin ; et,
par le même motif, j'ai conservé aussi sans changements l'introduction que j'avais écrite, il y a
quatre mois, alors que je ne pouvais guère prévoir autre chose, parmi les événements futurs,

a

que les succès de l'armée égyptienne, dans le cas où elle serait attaquée. Quant à la mort presque subite du sultan; aux offres de son successeur qui ont suivi de si près le firman d'excommunication; à la démarche extraordinaire du capitan-pacha; enfin, à la résolution que paraît avoir prise la Sublime Porte de terminer ses différends avec l'Égypte sans intervention étrangère, j'avoue n'avoir pas songé à de telles prévisions, et je pense n'avoir pas été le seul. Quoi qu'il puisse arriver, je n'ai pas cru devoir non plus modifier mes aperçus, n'étant mû par aucun autre intérêt, n'ayant devant moi aucun autre but que l'honneur et l'avantage de la patrie [1].

JOMARD.

31 juillet 1839.

[1] Voir une brochure intitulée : *Deux mots sur les affaires d'Orient*, mai 1839 (extr. du Spect. milit.), et *Coup d'œil impartial* sur *l'état de l'Egypte*, *comparée à sa situation antérieure*, 1836.

INTRODUCTION.

Depuis la publication de l'*Histoire de l'Égypte sous le gouvernement de Mohammed-Aly*, par M. Félix Mengin, il a paru un certain nombre d'ouvrages plus ou moins importants, et une multitude de brochures sur l'état du pays et sur ses rapports avec la Turquie ; il appartenait à l'auteur de cette Histoire, favorablement placé pour avoir des documents authentiques, de donner une suite à son livre, en reprenant les événements à l'année 1823, époque où cette Histoire se termine, et les conduisant jusqu'à 1838 : c'est l'objet de la *première partie* du volume qui est sous les yeux du public. La *seconde* présente un tableau statistique servant de complément à celui qui a paru dans le premier ouvrage. Dans la *troisième*, j'ai essayé de donner une idée de l'Arabie, contrée dont les destinées sont liées avec celles de l'Égypte, et dont l'importance longtemps douteuse vient d'être révélée par les entreprises récentes des Anglais, comme elle est signalée par les fréquentes expéditions des trou-

a.

pes égyptiennes chargées de la soumettre. Une carte générale accompagne cette troisième partie, ainsi qu'une carte spéciale de l'A'syr. Ces cartes, dressées sur des documents nouveaux, permettront de suivre la marche des troupes, et feront connaître une grande province presque ignorée jusqu'à présent, à ce point que dans les relations des événements de la guerre, on confondait son nom avec celui de la Syrie, faute de pouvoir le trouver dans aucun dictionnaire géographique[1].

Bien des questions graves, appelées par le sujet, et importantes pour le commerce et la politique de l'Europe, auraient trouvé leur place dans cet ouvrage; mais il eût fallu, pour les traiter, beaucoup plus de temps et d'espace : l'opportunité présente faisait une loi de hâter cette publication, et de remettre à un autre moment les sujets accessoires[2].

Toutefois, je ne puis laisser passer l'occasion

---

1 Les révoltés de l'A'syr étaient même confondus avec les révoltés de la Syrie.

2 Le travail qui m'occupe et qui a pour objet l'histoire de la réforme et de la renaissance de l'Égypte au XIXe siècle, sera consacré à cette exposition; je m'efforcerai d'y faire connaître l'origine des changements effectués dans l'ordre civil, et d'expliquer la part qu'y a prise la France, l'état des esprits et de la politique intérieure, la marche de l'instruction, la question religieuse, les rapports de l'Égypte avec les pays qui l'entourent, enfin les améliorations urgentes qui sont à introduire.

qui se présente de toucher ici plusieurs points de la politique égyptienne, principalement en ce qui concerne les intérêts de la France et ceux de ses relations dans le Levant. Moins ces intérêts ont été ménagés, depuis une douzaine d'années surtout, et plus je regarde comme un devoir de citoyen de montrer ce qui était et ce qui me semble encore être à faire pour les protéger, et pour empêcher qu'ils ne soient compromis, sans blesser la justice et les droits réels de nos alliés, mais aussi sans égard pour des prétentions exagérées ou des menaces violentes auxquelles, si on venait à les exprimer formellement, ni la France, ni la Porte, ni l'Égypte ne pourraient se soumettre.

Dire que l'Orient et l'Occident ont les yeux fixés sur l'Égypte, ce n'est pas se faire une idée exagérée de son importance dans la balance des affaires politiques. L'Inde anglaise y a ouvert une nouvelle route, pour ses communications avec la métropole, et bientôt pour son commerce. L'Amérique du Nord, qui lui porte déjà ses productions, trouve en elle, à certains égards, une rivale pour son commerce; l'Autriche, comme la France, y entretient un commerce actif et des rapports suivis; la Russie et la Prusse elle-même s'occupent de ses affaires; l'Italie, la Toscane surtout, y commercent avec de grands profits, et il n'y a pas jusqu'à la Belgique qui veut avoir une part aux avantages de ces relations. Par quelle fatalité la politique européenne, composée d'intérêts si divers, s'est-elle accordée à soutenir avec persévérance, depuis quatre à cinq années, un système de stagnation qui va droit à l'anéantissement de tous ces avantages ? L'aveuglement de la France se concevrait moins que celui d'aucune autre puissance, puisqu'elle est appelée, par mille motifs, à jouer le rôle de protecteur d'un État naissant, rôle qui devait lui assurer une grande et belle part d'influence dans le commerce de toute la Méditerranée ; cela est évident, surtout aujourd'hui qu'elle commande à un vaste pays dont la population est la même, au fond, que celle de l'Égypte, qui parle la même langue et professe le même culte. La France, qui a conquis et possédé l'Égypte pendant plus de trois années, dont le nom y est populaire et encore prononcé avec admiration ; qui n'a cessé, depuis la paix, d'y envoyer, pour ainsi dire, comme députés, des ingénieurs, des généraux, des savants et des artistes, pour l'organisation du pays et l'exploitation du sol; qui a reçu et rendu en Égypte des services innombrables ; la France, enfin, qui a ouvert libéralement ses écoles aux jeunes Arabes que leur prince lui a confiés, quel intérêt avait-elle de maintenir un *statu quo* ruineux pour elle-même autant que pour la Porte et pour l'Égypte, et qui ne pouvait profiter évidemment qu'à la Russie et à l'Angleterre seules? N'est-il pas évident que la menace incessante du divan contre le vainqueur de Koniah, les insurrections fomentées en Syrie, les armements continuels sur terre et sur mer, les firmans hostiles, et mille tracasseries ont obligé, à toute force, Mohammed-Aly de maintenir son armée et sa flotte en état de résister à l'invasion, et de défendre ce qu'on veut à toute force lui arracher, en déchirant la convention de Kiutayah? La conséquence non moins évidente n'est-elle pas que l'administration du pays, les travaux de l'agriculture, l'irrigation du sol, la canalisation enfin doivent souffrir de plus en plus; que la production doit se réduire [1], et que le commerce de la France et des autres États en Égypte doit aller en décroissant [2]? En vertu du *statu quo* sacramentel, on allait droit à la ruine de l'Égypte, comme de la Turquie, qu'il s'agissait cependant de protéger contre son ennemi naturel.

Ainsi un voile épais semble s'être étendu sur

[1] La production du coton a été à 225,000 balles en 1829; depuis elle est tombée à 100, et même à 50,000 selon les années.

[2] Le dommage n'est rien pour l'Angleterre et pour la Russie : il sera grave pour l'Autriche, l'Italie et la France.

les yeux des hommes qui ont dirigé les affaires. On a peu examiné si la Porte n'aurait pas plus de force et d'appui contre l'ennemi commun, de la part d'un prince puissant et ami, indépendant sous certaines conditions, mais engagé par une solide alliance, que de la part d'une province subjuguée, épuisée et anéantie, comme elle le serait, par la guerre d'extermination qu'on a fait rêver au sultan. Il semble que pour entretenir la plaie saignante depuis la victoire de Koniah, ou plutôt pour envenimer l'ulcère qui ronge l'empire, un mauvais génie s'est attaché à animer sourdement, l'un contre l'autre, des États faits pour s'aider. Leur émulation pour la réforme, comme pour l'organisation militaire et navale, nécessitée par l'ambition moscovite, s'est changée en une rivalité haineuse et passionnée, en une guerre sourde ou violente. C'était à la France surtout qu'il appartenait de les éclairer, de les concilier, de les fortifier par la puissance d'une intervention toute pacifique et désintéressée. Destruction des ressources, dépopulation et affaiblissement des deux fractions de l'empire, tel est l'unique résultat du défaut d'action et de la tolérance apathique avec laquelle nous avons assisté à ce triste spectacle.

Par une autre fatalité, on s'est cru autorisé, à cause de la forme actuelle du gouvernement de

l'Égypte, à la livrer en quelque sorte à elle-même,
c'est-à-dire, à ses ennemis : les uns, parce qu'ils
ne voyaient que les vices de son administration,
les autres, parce qu'ils exigeaient des réformes
radicales tout à fait incompatibles avec l'empire
du dogme religieux, même affaibli comme il l'est
maintenant. N'était-ce pas ignorer complétement
la constitution mahométane, que de demander
au chef de l'Égypte d'établir, dès à présent, une
charte, une représentation nationale, le jury,
et toutes les institutions modernes? Et parce que
rien de tout cela n'était octroyé ou promis, on
regardait comme rien la réforme commencée
depuis vingt-cinq ans, et le gouverneur de l'É-
gypte comme un pacha vulgaire, révocable à
volonté, indigne par conséquent de tout appui,
oubliant ainsi qu'en sacrifiant un homme, on sa-
crifiait en même temps l'Égypte et l'intérêt de la
France! Cette sorte d'anachronisme a été une erreur bien fâcheuse; mais ce non-sens pouvait coû-
ter cher, puisqu'il tendait à priver l'Égypte du
secours qu'elle attendait de l'appui français. Si
la propriété est aux mains du gouvernement, si
la population souffre, si le fellah est misérable,
ce n'est pas une raison pour qu'une politique vrai-
ment libérale, éclairée, civilisatrice, comme doit
être celle de la France, refuse de seconder les
efforts que fait l'Égypte pour se régénérer; c'est

un motif, au contraire, pour prodiguer secours et conseils à une nation qui n'est malade que parce qu'elle est en voie de restauration et comme en travail d'enfantement : un tel accouchement ne peut qu'être laborieux. De l'état d'oppression, qui remonte à tant de siècles, on veut qu'elle passe subitement à une civilisation complète! Notre état social, à nous-mêmes, n'a-t-il pas passé par une multitude de phases avant d'être constitué dans sa forme actuelle? Secouer les langes de l'ignorance, briser les fers de la barbarie, donner aux indigènes un état civil, tout cela ne peut être l'ouvrage de quelques années; et ce changement veut, avant tout, que les rives du Nil soient reconnues indépendantes. Le fellah ne peut être libre et déclaré tel qu'après la liberté de l'Égypte proclamée. D'esclave ou de colon, il ne peut devenir maître tout de suite. Là où les mœurs sont encore presque farouches, les lois ne peuvent être libérales, et les lumières de l'Europe chrétienne ne peuvent régner là où dominent encore en souveraines les idées musulmanes.

Il y avait une raison de plus pour que la France aidât le gouvernement égyptien dans son entreprise : c'est l'âge de son chef; les années lui sont comptées; avec notre secours il les aurait mises à profit pour l'amélioration : un temps précieux a été perdu, et de nobles pensées, telles que

celles qui caractérisent ce hardi réformateur,
sont demeurées stériles par suite de notre in-
curie.

On n'a pas voulu tenir compte à Mohammed-
Aly de tout ce qu'il a fait pour réveiller le génie
du Nil, assoupi depuis des siècles. On lui reproche d'avoir épuisé le pays ; il serait juste de voir
quel usage il a fait de ces hommes, de ces trésors
que le pays lui a prodigués. Les a-t-il employés
pour satisfaire un sentiment d'avarice, des passions mauvaises, un caprice aveugle ou tyran-
nique? Non, sans doute. Des uns il a fait une
armée nationale là où il n'y en avait plus depuis
vingt siècles, pas même le souvenir. Des autres il
a fait des flottes, des arsenaux, des fabriques, des
institutions, des hôpitaux, des écoles. Grâce à
la politique de stagnation et d'indifférence que
l'on a suivie depuis cinq ans, n'a-t-il pas fallu
que l'Égypte soit continuellement sur la défensive, condamnée qu'elle est à armer pour sa
conservation, jusqu'à ce qu'une crise vienne prononcer pour ou contre elle?

Que si l'Égypte succombe à force d'intrigues
diplomatiques, et par le fait de l'apathie française ; que si le grand vizir pénètre au Kaire en
vainqueur, alors, qu'on s'attende à voir périr toutes les institutions de la réforme. C'en est fait des
établissements créés par la nouvelle civilisation :

hôpitaux, écoles, manufactures, canaux, plantations, fabriques, fermes-modèles, haras, ber-
geries, impulsion donnée à l'agriculture, organisation française, tout sera sacrifié à la jalousie
de la Porte, aussi bien qu'à celle de la Grande-
Bretagne. Ne croyez pas que jamais on pardonne
à l'Égypte d'avoir eu pendant quinze ans des
écoles où l'on enseignait notre langue, et des
Français à la tête de l'armée, de la flotte, des
arsenaux, de la santé publique, des écoles médicales, de presque tous les établissements civils
et militaires [1]. La contrée retombera sous le
joug de fer; aucune voix en Europe ne s'élèvera
pour elle, et c'est bien alors qu'il faudra gémir
sur le sort de l'Arabe d'Égypte et du pauvre fellah.
On sait ce qu'est toute restauration, même en
pays civilisé : les exemples ne manquent pas,
la Pologne est là parmi les plus récents; que
serait-ce, grand Dieu! aux bords du Nil!

Mon but n'est pas de faire l'apologie de l'homme
extraordinaire qui règne aujourd'hui, par le fait,
sur les rives du Nil; ses travaux, sa constance,
sa modération sont là pour le défendre; et
quant aux actes auxquels s'est attaché quelque

---

1 Sans doute il serait plus digne de la Grande-Bretagne
de se montrer grande et généreuse, de lutter avec la France
de désintéressement ; mais c'est un effort d'héroïsme sur lequel il ne faut guère compter.

blâme [1], il appartient à l'histoire de prononcer en toute équité. Mais il convient d'examiner plusieurs objections qu'on oppose à la consécration de l'établissement égyptien; car il se trouve que les partisans mêmes de Mohammed-Aly portent à sa cause presque autant de préjudice que ses adversaires : ils veulent bien reconnaître en lui un génie puissant; mais comme, disent-ils, rien n'existera après lui, que tout finira avec lui, ils jugent fort inutile de lui porter aucun secours. Puissante manière de raisonner! Il serait plus humain, plus logique, de consolider sa position, pour qu'à sa mort il n'y eût aucune secousse capable de troubler encore la paix de l'Orient. Mais voyons si, même en l'état actuel des choses, rien n'est préparé pour l'événement. On feint donc de douter, et si Mohammed - Aly a réellement une postérité, et s'il existe parmi ses héritiers quelqu'un en état de continuer son ouvrage.

Sur le premier point, on est généralement très-

[1] Je suis loin de dissimuler les vices de l'administration : je sais aussi bien que personne tout ce qu'il y a encore d'arbitraire dans la conduite des agents supérieurs, et dans la gestion des subalternes; les détails m'en sont connus, et je les déplore plus que qui que ce soit, puisque ces maux retardent le jour où l'Égypte pourra respirer, pourra jouir d'une prospérité que j'ai appelée par des efforts et des travaux assidus. Mais je tiens compte des obstacles, je sais

peu éclairé, en France comme en Angleterre, et il y a de quoi être surpris que, même des publicistes et des hommes politiques, aient soutenu et soutiennent que le vice-roi est sans enfants; ce qu'on croit prouver en disant qu'Ibrahim lui-même n'est pas son fils. Le fait est que Mohammed-Aly a sept enfants mâles, puis son petit-fils Abbas, et que son fils Ibrahim a lui-même plusieurs enfants du sexe masculin. Voici les noms de tous, et aussi les noms des mères, esclaves ou femmes proprement dites, dont le vice-roi a eu ces enfants, qui tous, je le crois du moins, sont aujourd'hui vivants [1] : 1° Ibrahim, né en 1789. — 2° Sayd-Bey, né en 1822; sa mère, Schan Pezent Kelfa (esclave). — 3° Hussein-Bey, né en 1826; sa mère, Manthas Kelfa (esclave). — 4° Aly-Bey, né en 1829; sa mère, Schan Shachar Kelfa (esclave). — 5° Chalem-Bey, né en 1830; sa mère, Zeccha Kelfa (esclave). — 6° Iskander-Bey, né en 1831; sa mère, Zelpha Kelfa Hanan (femme de Mohammed-Aly). — 7° Enfin, Mohammed-Aly-Bey, né en 1833; sa mère, Zépha Kelfa (esclave). Ensuite vient Abbas-

que le temps apportera le remède, et je ne puis taire ce mot habituel du maître : *Que voulez-vous ? je suis seul.*

1 Ce renseignement date de 1834; il émane d'un voyageur distingué dont le témoignage n'est pas suspect, le baron Ruppell.

Pacha, fils de Toussoun, petit-fils du vice-roi, né en 1814.

Ibrahim a trois enfants, nés en 1825, 1827 et 1828.

Ce qu'on désire pour la perpétuité d'une famille et la solidité d'un établissement monarchique est donc parfaitement garanti, autant que dans aucune famille régnant en Europe, quel que soit le plan auquel Mohammed-Aly s'arrête pour régler l'ordre de succession. Or, il se trouve que s'il suivait, dans son pacte de famille, le système de primogéniture, sans parler de ses petits-fils, ses deux premiers successeurs naturels sont dans les conditions les plus désirables pour l'avenir de l'Égypte. Ibrahim, élevé à la rude école de la guerre, n'a presque pas cessé depuis vingt ans de commander des armées ou de diriger des expéditions; constamment heureux dans ses campagnes, son nom est chéri des soldats, bien qu'il soit inflexible sur la discipline. Sa vaillance, sa fermeté, son coup d'œil et tous ses talents militaires, ne sont pas les seules qualités qui le recommandent : Ibrahim est administrateur ; il recherche les lumières de la civilisation européenne, et protége l'instruction. Il a un penchant prononcé pour l'administration en général, et surtout pour celle de l'agriculture, c'est-à-dire, précisément celle sur laquelle repose la prospérité de l'Égypte. Ce n'est pas lui qui oubliera jamais que l'exploitation du sol est la véritable richesse du pays, et qu'aucune mine, aucune manufacture, ne saurait lui rapporter autant de richesses que la culture de la terre [1]. Le premier il a établi des fermes-modèles, des jardins d'acclimatation. Sa passion pour l'horticulture, et ce qu'il a fait pour elle, sont la garantie de ce qu'il tentera un jour pour rendre à l'Égypte toutes les terres cultivables, généraliser l'irrigation, canaliser le pays, et peut-être restaurer le lac de Mœris. Ibrahim, qui par vingt ans de travaux et de fatigues a su effacer quelques taches de sa vie première, est né pour commander; l'armée française l'a jugé tel en Morée; un jour il osera plus que son père pour l'émancipation complète de la nation arabe; il ne sera plus retenu par les mêmes considérations.

Après Ibrahim vient le fils aîné de Mohammed-Aly, Sayd-Bey, âgé de dix-sept ans; il a été élevé dans l'étude des langues et des sciences européennes [2]; son éducation s'est faite en mer, destiné qu'il est, depuis l'origine, au commandement naval. Ce

---

1 On sait que le célèbre Mourad-Bey, quoique homme voué à la guerre, avait coutume de dire : « *En Égypte, il suffit de gratter la terre pour en tirer de l'or.* »

2 C'est M. Koenig, orientaliste distingué, qui lui a donné

jeune homme a développé de bonne heure une aptitude singulière. Entouré à son bord d'enfants de son âge, tous pris dans la classe du peuple, nourri et élevé comme eux, il rappelle, sous un rapport, le jeune Sésostris, à qui son père avait donné pour condisciples les Égyptiens de tout rang, nés le même jour que lui, et qui furent pendant toutes ses expéditions des compagnons vaillants et fidèles. Ses progrès ont été assez rapides pour qu'il soit aujourd'hui en état de commander un bâtiment de guerre : la France en jugera bientôt.

Elle peut donc se rassurer sur l'avenir de l'Égypte, si elle veut contribuer à fixer son sort par un appui généreux. Après tout, l'intérêt de l'Europe entière y est engagé comme le sien : point de sûr commerce en Syrie et en Égypte sans une paix stable; point de paix, sans le progrès et la civilisation du nouvel État égyptien; point de vrais progrès sans l'admission de toute la nation arabe aux emplois, aux charges et aux dignités; enfin, point d'émancipation de cette race, si elle n'est soustraite définitivement à la domination turque : tout cela est évident.

les premiers éléments des langues; il a étudié ensuite les mathématiques et la navigation, avec M. le capitaine de vaisseau Houssard.

Mais que sert de parler des successeurs de Mohammed-Aly? n'est-il pas encore, dans sa verte vieillesse, l'homme le plus actif de sa cour et du pays qu'il gouverne? Qui eût dit qu'à l'âge de soixante et dix ans il aurait résolu avec autant de fermeté le voyage de Fazangoro, qu'il l'aurait entrepris et accompli avec tant de facilité, de courage et de force [1]? L'activité infatigable de ce prince, son génie inculte mais élevé, sa prudence consommée et sans faiblesse, en font un personnage à part, et le placent non-seulement au-dessus de tous les princes de l'Orient, mais encore sur la ligne des hommes les plus remarquables du siècle. Sans se proposer pour modèle les hommes du temps passé, sans savoir leur histoire, il semble la deviner comme par instinct de génie, il se livre à des travaux, à des entreprises qui rappellent leurs actions; en un mot, si on peut le dire, il les imite sans les connaître.

Mohammed-Aly n'aime point les flatteurs; il interroge beaucoup, il se fait rendre compte de toutes choses; il recherche les gens instruits et se plaît dans leur conversation; mais il se détermine toujours d'après lui-même [2]. Tant de por-

---

1 Voy. plus bas l'*Appendice*, § IV.

2 Les événements et les préoccupations politiques l'ont rendu, dit-on, un peu moins accessible qu'autrefois, et moins empressé d'écouter.

traits ont été faits de cet homme extraordinaire, qu'il serait bien superflu d'en essayer un nouveau. Également au-dessus de la flatterie et de l'injustice, il n'attend que de la vérité seule la part de gloire qui lui revient. Pour le rabaisser, on a présenté ses commencements sous un faux jour : le fait est que sa famille était bien née, qu'il a été élevé chez le gouverneur de la Cavale, que son oncle Toussoun était agha en Macédoine; son premier grade lui fut accordé pour un trait d'audace et de présence d'esprit digne d'un vieux soldat.

Oublie-t-on d'ailleurs qu'en Orient les hommes les plus éminents se sont élevés par le mérite seul, et que, dans ces contrées, la naissance n'est comptée pour rien?

Quant à Ibrahim, il joint à ses titres celui d'avoir formé lui-même son armée, cette armée dont il est l'idole. Disciplinée, robuste, patiente, autant que brave et intrépide, il n'est pas étonnant qu'elle soit dévouée à celui qui, par son coup d'œil et par son élan, l'a toujours menée à la victoire; dont le caractère élevé, les manières simples, la conduite juste, le sang-froid dans le danger, l'ont constamment montré digne du commandement.

Certes, si une haute situation politique a été légitimée par de rudes travaux, par des obstacles

vaincus, par l'abnégation et par tous les genres
de sacrifices; si jamais un tel établissement a
rencontré des difficultés presque insurmontables,
quels guerriers y ont acquis plus de titres que
ces deux princes? Quelle contrée aussi possède
plus de droits à l'indépendance que l'Égypte,
que l'institutrice de l'Occident? Et si, aujour-
d'hui, la civilisation seule doit faire son avenir,
comment se refuser à déclarer dès à présent qu'elle
est émancipée, à reconnaître une famille dont la
perpétuité peut seule perpétuer aussi la réforme
du pays, et y consacrer les améliorations? Quand
la justice n'en ferait pas une loi, comment les
puissances, la France surtout, n'y verraient-elles
pas l'intérêt du commerce? *Le gouvernement de
l'Égypte par elle-même* est le seul remède à la per-
turbation qui l'agite depuis trente ans, et dont
la fin donnerait un essor nouveau à nos relations
de tout genre. La restauration de la Grèce est en
grande partie notre ouvrage: il serait digne de la
France de présider à celle de l'Égypte; les fruits
ne s'en feraient pas attendre, et l'humanité y ga-
gnerait autant que la civilisation.

Quant à la Syrie, personne n'ignore que cette
province est toujours demeurée insoumise aux
Osmanlis; que bien avant la campagne de 1831, la
Porte n'en tirait presque rien, et que l'administration des pachas turcs y a, de tout temps, été dé-

plorable [1]. D'un autre côté, l'Égypte n'a pas d'autre barrière au nord-est que le Taurus : lui ôter cette frontière, n'est pas la constituer, c'est la livrer à toutes les chances des invasions : la Syrie est le boulevard de l'Égypte.

Quant à l'Arabie, elle n'a jamais été subjuguée ; elle a résisté aux Turcs depuis quatre siècles bientôt, comme elle avait résisté jadis à l'empire romain [2]. Jalouse de sa liberté, elle ne pourra jamais s'associer qu'avec un pouvoir dont les agents parlent sa langue, avec des hommes ayant avec elle une origine commune : c'est le cas des Égyptiens [3]. La religion seule ne serait pas un lien suffisant.

L'Égypte, la Syrie et l'Arabie ont entre elles ce lien commun ; c'est ce qui paraît devoir leur assurer une destinée, une existence commune,

[1] On a peut-être exagéré, à certains égards, les vices de la nouvelle administration : sans justifier le général égyptien d'y avoir introduit la conscription sans ménagement, je dirai, d'après une autorité respectable, le général Edhem-Bey, ministre de l'instruction publique en Égypte, qu'il existe en Syrie un pouvoir civil presque aussi étendu que celui d'Ibrahim, celui d'un intendant général ; ce poste élevé est occupé par un chrétien du nom de *Hanná-Bahry*, qui passe pour un homme aussi loyal et équitable que distingué par ses vues d'amélioration. Il s'est occupé de la réforme des monnaies.

[2] Voy. plus bas, *De l'Arabie en général* (IIe chap., § III à VI).

[3] Ibid, § VI.

au moins à l'Arabie et à l'Égypte. Relativement aux droits ou aux prétentions de l'Angleterre sur Aden, Mascate ou Bahreyn, sur l'Oman, le Mahrah l'Hadramaut, il appartient au temps d'en faire ou apprécier la validité [1].

C'est ici le lieu de jeter un coup d'œil sur les conditions proposées, à diverses époques, relativement à la reconnaissance du nouvel État égyptien. Laissons de côté la prétention exorbitante qu'ont eue certains diplomates de faire rentrer l'Égypte purement et simplement sous l'administration turque; ils connaissaient la faiblesse de celle-ci; par là, ils ont révélé leurs vues intéressées.

Mais deux autres systèmes, plus dignes d'attention, ont été mis en avant pour succéder à l'arrangement conclu à Kiutaya : l'un de concéder seulement à Mohammed-Aly l'*hérédité*, sous la condition d'un fort tribut et de la vassalité; l'autre de reconnaître son indépendance. Le premier système embrassait l'Égypte et la Syrie; le second comprenait l'Égypte seule, et dépouillait le prince de la Syrie. Ce dernier plan, consenti franchement sans doute par l'Angleterre, tout en lui ôtant la perspective prochaine d'un établissement en Égypte, lui donnait en revan-

---

1 Voy. *Appendice*, note III.

che l'avantage d'être plus maîtresse de ses desseins sur l'Euphrate et le golfe Persique. Le premier arrangement, ne décidant rien d'une manière complète, servait mieux les vues de l'Angleterre et celles de la Russie; mais, au fond, il ne remédiait pas assez à l'état précaire de l'Égypte. Tel est le dédale où se trouvent plongées les affaires de ce pays, par suite des passions, des intérêts engagés, et surtout de l'intervention violente que deux puissances veulent exercer à toute force, et sous un vain prétexte, sur les conseils de la Porte et sur ceux du vice-roi. Malgré l'injustice de cette prétention, on la concevrait jusqu'à un certain point, elle aurait du moins une ombre de raison, une chance de succès, si les deux puissances s'étaient mises d'accord entre elles sur leurs projets futurs. Mais cet accord est presque impossible et chimérique, et, par suite, la prétention qu'elles ont élevée, d'empêcher deux fractions de l'empire ottoman de régler amiablement leur position réciproque et leurs intérêts respectifs, semble être un absurde contre-sens.

C'est à Constantinople, et non pas à Londres que doivent être fixées les destinées de l'Égypte et de la Syrie, sous la seule influence des intérêts politiques et religieux de l'empire turc, et *dans la seule vue de la défendre contre toute espèce d'invasion européenne.* Nous verrons, cependant, dans la supposition du traité une fois conclu *entre ceux qui ont droit de stipuler*, quelle espèce de force les puissances chrétiennes pourraient y ajouter. Admettons que la Porte, les yeux enfin ouverts sur ses véritables intérêts, reconnaisse l'avantage d'avoir en Mohammed-Aly un allié fidèle, sûr et désintéressé, capable de puiser, dans une meilleure administration de l'Égypte, de la Syrie et de l'Arabie, des ressources nouvelles, et des moyens d'action énergique contre l'ennemi commun; que la Porte, dis-je, se résigne à la séparation de ces provinces. Par le traité, Mohammed-Aly s'engagerait à la protection des villes saintes, garantirait les caravanes des pèlerins de la Mecque, assurerait à tous les Musulmans de l'Afrique, de l'Europe et de l'Orient, la liberté et la sécurité, les affranchirait de tous droits et de toute avanie; non-seulement il prendrait l'engagement de les protéger sur son territoire contre les hordes errantes, contre les Kourdes, contre les Bédouins et les Arabes indépendants, mais encore il s'obligerait à fournir au sultan des corps de cavalerie arabe auxiliaires, toutes les fois qu'il en aurait besoin contre ses ennemis naturels.

D'autre part, un corps de trente mille hommes de *troupes régulières*, infanterie, cavalerie et artillerie, serait mis à la disposition de la Porte ottomane en cas d'agression. En un mot, il y aurait alliance offensive et défensive entre les deux États. Cette protection serait plus sûre que celle que promet à la Porte le traité d'Unkiar-Skelessi.

Pour ce qui regarde l'administration intérieure, Mohammed-Aly, pour lui et ses successeurs, s'engagerait encore à l'abolition graduelle de l'esclavage, à l'amélioration du taux des monnaies, à l'établissement de la liberté du commerce. Il garantirait aux voyageurs européens en Égypte, en Nubie, et, autant que possible, en Arabie, la liberté et la sécurité. Il s'obligerait encore à améliorer dans ses États l'administration territoriale et le système d'impôt; ce qui lui deviendrait plus facile, quand une fois il serait devenu libre d'appeler les indigènes aux emplois publics, à la place des Coptes et des effendis turcs, habitués, par un long usage, à l'exaction et à l'arbitraire : hommes qui, malgré les remontrances du gouvernement égyptien, profitent encore du fruit des abus invétérés. Le monarque serait invité à réunir dans un divan spécial les principaux habitants pour entendre leurs doléances, et fixer, par suite, des droits civils pour toute la nation.

Moyennant ces conditions, la Porte ottomane renoncerait solennellement, et à toujours, à tous droits, répétitions et réserves, en ce qui regarde l'Égypte et l'Arabie.

C'est alors, mais seulement après la convention conclue et adoptée définitivement par les parties, que les grandes puissances qui ont une marine militaire, seraient invitées à garantir l'exécution des clauses du traité, se réservant de réprimer toute occupation violente, et même tout acte menaçant de la part des parties contractantes.

Ici vient naturellement l'occasion de parler d'une entreprise dont il ne peut être question immédiatement dans le traité de cession, mais qui en serait une conséquence naturelle. A elle seule, elle payerait avec usure les gouvernements de l'Europe de tous les sacrifices, et comblerait les vœux de tout ce qu'il y a d'esprits élevés, attachés au progrès des idées sociales, ou au développement des institutions modernes chez les nations extra-européennes : je veux parler de l'ouverture du CANAL DES DEUX MERS. Le nouveau monarque consacrerait avec joie, je n'en doute pas, toutes ses dernières années à l'exécution d'un travail fait pour l'immortaliser. Il l'accomplirait à ses frais, avec les conseils ou le concours de la France ou de l'Angleterre. Par une stipulation expresse, le passage serait déclaré libre pour toutes les nations de la terre. Un droit modéré serait établi de manière à couvrir, avec le temps, les frais ou partie des frais d'exécution.

D'autre part, la France pourrait demander, sans

crainte d'être refusée, les bons offices du roi d'Égypte pour ses possessions africaines ; on sent l'influence que pourrait exercer le nom de Mohammed-Aly pour nous ouvrir le commerce de l'Afrique centrale, en obtenant qu'une partie des caravanes du Soudan, qui aujourd'hui est détournée et vient au Darfour, à Sennâr et en Nubie, reprît la direction sur l'Algérie, direction qui menace de n'être pas rétablie de sitôt, tant que durera la paix douteuse avec Abd-el-Kader.

Dire maintenant tous les résultats avantageux que la France et toute l'Europe retireront de cette solution, c'est un soin que je regarde comme superflu ; ils en sortiraient bientôt aussi nombreux qu'importants, comme un conséquence naturelle et nécessaire de la paix ; les sciences d'abord y gagneraient une ample moisson de découvertes en tous genres ; la géographie, la physique du globe feraient des progrès incalculables ; une foule de jeunes hommes, capables, instruits, entreprenants, se précipiteraient dans cette neuve et vaste carrière ; l'Europe y trouverait quelque soulagement à sa maladie de pléthore ou de séve exubérante. Ne voit-on pas, en effet, en Angleterre, en Allemagne, en France, depuis que l'instruction s'est répandue si universellement, une génération riche de connaissances, et pleine d'élan et d'essor, aspirer à une existence élevée, sans pouvoir la trouver, ni l'espérer dans leur patrie? Pourquoi ne pas saisir le secours que nous offrent la fortune et la succession des événements politiques? Il y a longtemps que les hommes d'État, au delà et en deçà du détroit, ont fait la faute de le rejeter. Malheur à la France surtout, si elle ferme les yeux sur le mal, si elle néglige le remède!

Combien de grandes choses le gouvernement égyptien aurait encore à faire, s'il était une fois consolidé par la paix et le concours des puissances : au dehors, l'exploration des sources du Nil, l'établissement de bonnes relations avec l'Abyssinie et le Darfour, le progrès de l'établissement égyptien en Arabie, la restauration des caravanes annuelles du Soudan; au dedans, la destruction des cataractes du Nil, le draguage du fleuve, l'achèvement des ports et des bassins, l'institution des écoles de villages, la traduction en arabe et la publication de bons livres populaires, le perfectionnement des écoles supérieures (d'où l'on s'est trop hâté de bannir les professeurs européens), l'établissement d'un recueil périodique en deux langues, la formation d'une école spéciale des arts du dessin, l'amélioration des fermes-modèles et de l'agriculture, l'importation des espèces exotiques, la plantation des dunes, la propagation de celles des espèces forestières qui ont été oubliées dans les plantations actuelles [1], l'irrigation et la canalisation, la concession gratuite des terres avec affranchissement d'impôt, rendue plus générale, comme pour rétablir ainsi par degrés le droit de propriété; l'émancipation complète des fellahs, leur admission à tout grade selon leur mérite; l'exploitation des carrières et de tout le sol en général, sol si riche en matières salines, et en matériaux admirables pour la construction et les monuments; la création des bibliothèques et des collections publiques; enfin, en faveur des sciences exactes, la création d'un observatoire pour l'astronomie et pour les observations de physique et de météorologie, enfin l'établissement des hautes écoles mathématiques.

C'est au lecteur à juger maintenant si cette solution de la question égyptienne a plus de solidité, plus d'avenir, que certain progamme, parti à la fois, l'année dernière, des rives du Bosphore et de celles de la Tamise, et où l'on se borne à nommer Mohammed-Aly *gouverneur à vie* de l'Égypte et de la Syrie : une dignité à vie à un homme né en 1769 ou 1770! quelle dérision!

L'Angleterre a ses vues, nul n'a le droit de s'en

---

1 Il faut dire toutefois qu'elles sont déjà très-étendues, et qu'elles ont été créées comme par enchantement.

étonner; ses droits sont-ils aussi évidents? Elle souhaiterait que toute la ligne qui joint Gibraltar et Malte à Bombay fût sous sa dépendance, ou son influence directe : rien de plus naturel. Mais, qu'un prince puissant et indépendant soit établi sur cette direction, avec une flotte, une armée de terre et de mer, et des places fortes, c'est ce qu'elle voudrait empêcher. Peut-être il y a là les éléments d'une résistance plus forte et plus efficace que celle que la Porte peut opposer à l'invasion russe; non pas que Mohammed-Aly soit assez téméraire pour se poser en face d'une puissance formidable comme la Grande-Bretagne; mais sa prudence, sa fermeté et d'habiles concessions, triompheraient probablement de sentiments hostiles et injustes. Dans sa querelle avec sa rivale en Orient, l'Angleterre voudrait étendre sa base d'opérations et présenter un vaste front à la Russie depuis Alexandrie jusqu'au delà des sources de l'Indus; car un jour ces colosses se disputeront l'empire de l'Orient. Qu'importe à la France? et pourquoi viendrait-elle au secours de l'une ou de l'autre, en donnant les mains à des mesures, à des arrangements diplomatiques, tout au moins étrangers à ses intérêts, s'ils ne lui sont diamétralement contraires? C'est ce que ferait la France en désertant la cause de l'Égypte; la livrer à ses ennemis, c'est l'abandonner à l'influence de la Grande-Bretagne. Consentir à laisser brûler ou désarmer sa flotte, à faire licencier ses troupes régulières, à démanteler ses places fortes, c'est la livrer au premier occupant. Il est impossible que la France se laisse aller à de tels conseils. On sait trop maintenant la source des déclamations dont l'Égypte a été l'objet; le temps de l'illusion est passé, les yeux sont dessillés, un second Navarin est devenu impossible.

Si, dans ce rapide exposé de la question présente, je me suis abstenu de toucher la question d'Orient proprement dite, ce n'est pas sans motif. J'ai à dessein pris le parti d'en dégager la question égyptienne, qu'on y a rattachée depuis plusieurs années avec affectation, et pour ainsi dire violemment. Une question simple d'émancipation, un règlement d'intérêt et de limites entre deux pays voisins, pouvaient être conduits aisément à leur terme, en laissant s'entendre les États intéressés. Mais qu'en serait-il résulté? Une alliance forte allait soustraire la Turquie à l'influence russe, l'Égypte et l'Arabie à l'influence britannique; la France en y concourant aurait fait échec à la fois aux deux ambitions qui sont en présence. Il fallait l'en détourner à tout prix.

Qu'a-t-on fait? On a excité l'un contre l'autre les deux pays, ou les princes qui les gouvernent;

puis, on les a forcés à armer, à s'épuiser tous les deux. Ensuite on a répandu habilement la doctrine du *statu quo* qui devait les ruiner de plus en plus, menaçant le premier des deux partis qui attaquerait l'autre, de toute la colère des hautes puissances. On a engagé la France dans cette fausse voie, et on lui a fait tenir aussi un langage menaçant et hostile, envers l'Égypte surtout. Comment pouvait-on l'amener à ce déplorable résultat? C'était en l'effrayant de la guerre générale, comme de la conséquence inévitable du conflit, guerre à laquelle elle serait contrainte de prendre part; comme si deux autres partis n'eussent pas existé pour la France, tous deux honorables, dignes de son désintéressement, et conformes à ses intérêts : l'un, de rester impartiale et neutre entre l'Égypte et la Turquie; l'autre, aussi équitable, mais encore plus d'accord avec sa dignité, celui de faire tous les efforts possibles pour aplanir le différend et concilier les deux princes.

Ainsi se sont abusés longtemps des hommes politiques, dont les lumières supérieures ne les ont pas garantis d'un piége artistement tendu. En effet, la question égyptienne devait être considérée toute seule; nul besoin n'était de la compliquer avec la question anglo-russe, avec le conflit entre le shah de Perse et ses conten-

dants, avec la politique des pays compris entre
Caboul et le Pendjab, entre Herat et Candahar.
Il fallait laisser terminer promptement, et sans
arrière-pensée, une affaire simple en elle-même.
Il fallait enfin ne point se laisser effrayer de la
menace d'un traité turco-russe, qui a toujours
été regardé par la France, et par l'Angleterre elle-
même, *comme s'il n'existait pas.*

Telle est la situation où tant de menées diplomatiques ont conduit la Turquie et l'Égypte, et
la France elle-même, qu'il est presque impossible d'éviter longtemps encore une collision,
d'en calculer les résultats, et de prévoir le rôle
qu'auront à jouer les grandes puissances. Puisse
la France, mieux inspirée, plus éclairée sur ses
intérêts et ceux de la civilisation, se dégager du
cercle où l'on a voulu l'enfermer!

25 mars 1839.

JOMARD.

DOCUMENTS ORIGINAUX :

1° *Esquisse d'une Carte de l'A'syr*, provenant des officiers arabes.

2° *Tableaux* et *relation* traduits de l'arabe. Voir pages 281, 318, 478, 486 et 491.

OBSERVATION

Sur la notice géographique de l'A'syr, (v. p. 5 du présent volume.)

En publiant en 1823 une *Notice géographique sur le Nedjd*, je m'étais appuyé sur un document authentique provenant d'un cheykh wahabite, nommé Abd er-rahmàn el-Oqyéh. Pour faire connaître aujourd'hui l'*A'syr*, je fais usage de deux documents provenant du cheykh A'ous, de la suite d'Abou-Noqtah anciennement allié des Wahabites. Ainsi, c'est à deux hommes du Nedjd ou de l'Hedjâz que je dois les bases de ces deux écrits : pour le *Nedjd*, c'est un petit-fils du fameux Mohammed Ebn-Abd-el-Wahab ; pour l'*A'syr*, c'est un des compagnons d'Abou-Noqtah, commandant de cette province.

J.

INTRODUCTION

A

L'HISTOIRE SOMMAIRE

DE L'ÉGYPTE,

DE M. FÉLIX MENGIN.

N. B. Pour l'intelligence de ce morceau, il faut se reporter à l'ouvrage dont le titre est ci-dessus.

DE L'ARABIE.

NOTICE GÉOGRAPHIQUE SUR L'A'SYR [1],

ACCOMPAGNÉE D'UNE CARTE DE CETTE PROVINCE ET D'UNE CARTE GÉNÉRALE D'ARABIE, ET CONTENANT QUELQUES REMARQUES HISTORIQUES ET ETHNOGRAPHIQUES.

CHAPITRE PREMIER.

DE L'A'SYR.

Observations générales.

En suivant dans l'*Histoire de l'Égypte* la relation des événements de la guerre d'Arabie, l'on éprouve souvent de la difficulté à se rendre

---

1 عسير A'syr *ou* A'cyr.

compte des marches des troupes égyptiennes, comme de la nature des localités, laquelle a été cause, en grande partie, des revers qu'elles ont essuyés. Le fait est que ces campagnes ont mis en lumière le nom d'un grand territoire, le pays d'A'syr, presque entièrement inconnu jusqu'à présent comme province de l'Arabie, même de nom. L'ouvrage de Niebuhr, le plus savant et le plus détaillé que l'on possède sur l'Arabie, ne fait pas même mention de l'A'syr; on cherche en vain ce pays dans les ouvrages de géographie, comme dans les relations de voyages [1]. Cependant l'A'syr est très-peuplé; le cafier y est en culture; la population y est belliqueuse, elle déploie une énergique résistance à des troupes dirigées par la tactique européenne; en un mot, c'est le théâtre actuel de la guerre, et d'une guerre obstinée qui dure depuis tantôt dix ans, c'est-à-dire, depuis la lutte qui a existé dans le Nedjd et dans l'Hedjâz, ou même qui y règne encore. De grandes batailles y ont été livrées.

Je me félicite donc de pouvoir mettre sous les yeux du lecteur une esquisse de l'A'syr, qui lui permettra de suivre les marches des armées, et de saisir les positions relatives des lieux. Sans ac-

[1] Il n'est question de ce nom d'A'syr que dans le Voyage de Burckhardt, et comme étant celui d'une tribu. (Voyez plus loin.)

corder à cet essai plus de confiance qu'il n'en
mérite, j'ose cependant espérer qu'il ne sera
pas jugé tout à fait indigne des regards des
géographes, et cela par une circonstance dont
ils sont les meilleurs juges; c'est qu'ayant mis
cet essai de carte sous les yeux de l'un des auteurs du dernier voyage en Abyssinie, M. Tamisier, lequel a parcouru pendant très-longtemps
l'Hedjâz et l'A'syr, ce voyageur a reconnu exacte
la situation respective des lieux, et même qu'il
a pu y tracer immédiatement, sans aucune difficulté, tout son itinéraire, sans y proposer
d'autre changement que d'ajouter des stations.

C'est à M. Fulgence Fresnel, savant orientaliste [1], que j'ai obligation du tracé primitif sur
lequel j'ai travaillé: ce tracé n'est qu'une simple
reconnaissance, attribuée à des officiers arabes
de l'armée égyptienne. Il m'a été aisé de voir
qu'elle ne repose sur aucune observation astrono-

1 M. F. Fresnel est établi depuis très-longtemps au Kaire,
où il s'est étroitement lié avec de savants ulémas, et notamment avec mon savant ami, le cheykh Refa'h, ancien
élève de la mission égyptienne en France, aujourd'hui pro-
fesseur d'histoire et de géographie, directeur de l'école de traduction. M. F. Fresnel vient de se faire connaître du monde
érudit par une série de lettres on ne peut plus curieuses
sur l'histoire des Arabes avant l'islamisme. Par cette publication philologique, M. Fresnel s'est placé dans un rang
élevé parmi les orientalistes.

mique, ni sur d'autres données précises ; mais je devais l'accueillir, faute d'aucune autre carte qui représentât ces mêmes lieux, c'est-à-dire, tout l'espace compris entre la Mecque et Micheyt, comme entre le Nedjd et Qonfodah, espace de plus de 10,000 lieues carrées. Seulement j'ai lieu de penser que les lieux ont été relevés à l'aide de la boussole, et que les durées des marches ont servi de mesure aux intervalles. La copie que j'ai reçue ne renfermait point la trace des opérations, et l'on y avait tracé arbitrairement des parallèles et des méridiens.

En outre de l'intérêt que me présentait un figuré du pays le plus escarpé ou le plus difficile de toute la région, un tracé des ruisseaux et des torrents, des monticules et des chaînes élevées, enfin de la situation respective de toutes les localités, je trouvais encore un autre point digne d'attention, c'était une abondante nomenclature des lieux habités. En effet, avec la carte arabe, j'avais reçu un document original, écrit par un cheykh du pays même de l'A'syr, et renfermant une série méthodique de noms de toute espèce. Cette nomenclature géographique m'a paru être un supplément instructif pour la géographie de l'Arabie, et pouvoir donner un peu plus d'intérêt à la nouvelle carte.

Telles sont les différentes considérations qui m'ont enhardi à produire et à soumettre au public la carte dont il est question : quelque imparfaite qu'elle puisse être, j'ai l'espoir qu'elle ne sera pas tout à fait inutile aux voyageurs, et qu'il leur sera facile et commode de faire, sur ce canevas, toutes les additions et les rectifications dont il est susceptible, attendu l'échelle assez grande que j'ai adoptée à dessein (3 : 4000000), bien que très-inférieure à celle du premier original.

§ I. CONSTRUCTION DE LA CARTE.

Je dois donner maintenant les bases de la construction de la carte, ce que j'ai toujours regardé comme un devoir obligatoire et impérieux pour quiconque publie un travail de ce genre. J'ai dit la source de la carte arabe qui m'a servi de canevas; mon premier soin a été de l'assujettir à la nouvelle et grande carte de la mer Rouge de Moresby [1]. La position géographique de la Mecque a été maintenue à 21° 28′ 17″ de latitude, et 37° 54′ 45″ de longitude, telle que je l'avais déjà adoptée d'après

[1] *Chart of the red sea.... above Jiddah from astasimetric survey*, etc.; cette carte a été levée de 1830 à 1833, par le commandant du *Palinurus*, R. Moresby et le lieutenant Carless.

Aly-Bey (Badia), dans un écrit que j'ai publié sur le Nedjd en 1823 [1]. La partie la plus reculée dans l'est, savoir, la vallée de Bychéh, se trouvant rattachée au Nedjd, j'ai dû m'appuyer en partie sur le travail que je viens de mentionner [2], pour placer Ouâdy-Bychéh, ainsi que Toknia, et le torrent de Tabalah. En venant au sud, il fallait avoir une position tolérable pour l'emplacement de Khamys-Micheyt; j'ai trouvé, à cet effet, quelques secours dans une petite carte de 1829, dressée par M. Jules Planat, sur le théâtre de la guerre contre les Wahabis de 1812 à 1827. La position désignée dans la *carte arabe* [3] sous le nom de *tribu de Kamis-Miscet* (nom mal orthographié), correspond au lieu appelé *Macheit* dans l'autre carte, et situé sur la route de Bychéh au district de Khoulân. Ce dernier pays, se rapprochant du golfe Arabique, j'ai dû avoir égard à sa situation relative dans la *carte arabe.*

1 *Notice géographique sur le pays de Nedjd ou Arabie centrale* , etc., insérée au 2e vol. de *l'Histoire de l'Égypte sous Mohammed-Aly* , et publiée aussi séparément, in-8°, 1823.

2 Voir la *carte comprenant le pays de Nedjd ou Arabie centrale, l'Égypte et partie des autres régions occupées en* 1820 *par les troupes de Mohammed-Aly,* etc.; 1823. La carte ci-jointe de l'A'syr est à une échelle triple de celle-ci.

3 Je désignerai par ces mots, la *reconnaissance* attribuée aux officiers arabes et dont j'ai parlé plus haut, pag. 7.

Ainsi, prenant pour bases solides 1° toute la côte, depuis le nord de Djeddah par 22° latitude, jusqu'à celui d'Abou-A'rych par 17° latitude; 2° une ligne qui est supposée joindre Ouâdy-Bychéh et Khamys-Micheyt; 3° les positions de la Mecque, de Tâyef et des parties environnantes; 4° enfin, le cours de la chaîne de l'Hedjâz et de celle de l'Yemen, souvent aperçues de la mer Rouge par les officiers du *Palinurus*, il a été possible, au moyen des procédés usités, de distribuer dans ce cadre les accidents du terrain, figurés sur la carte arabe quoique d'une manière assez confuse, c'est-à-dire, les nombreux cours d'eau, les montagnes, les défilés, les parties de plaine et les plateaux, enfin toutes les routes des expéditions de 1833 et des années suivantes. J'ai même pu y placer les routes des anciennes campagnes dans le sud du Nedjd; enfin, comme on l'a vu, celle que M. Tamisier a tenue tout récemment, et sur laquelle je ne dois pas m'étendre davantage, voulant réserver à cet intrépide et intéressant voyageur l'avantage de faire connaître lui-même toutes ses observations sur le pays. Ce que j'ai vu de son journal me permet d'assurer que le public lira ses remarques sur l'Arabie avec tout l'intérêt qu'a excité son voyage fait en Abyssinie avec M. Combes, son émule en courage et en succès.

D'après ce que je viens de dire, plusieurs parties de ma carte de 1823 (représentant le Nedjd et les environs) sont communes à la nouvelle carte de l'A'syr. Ces parties communes sont : les provinces du Nedjd, appelées Ouâdy-Chahrân, Ouâdy-Soubey', puis Tâyef et la Mecque : sous ce rapport, je crois que dans l'ancienne carte, les deux provinces étaient trop rapprochées de la Mecque : aucune donnée bien exacte ne m'avait servi à les placer. La *carte arabe* présente de nombreux détails qu'il a fallu introduire ici, et qui ont dû reculer plus loin, à l'est, le lieu de Tâyef et les deux districts du Nedjd. C'est d'abord tout le cours du torrent de Tarabéh (ou Torbah)[1], et la position de ce nom ; puis la vallée Usrak (Ouarakh?) ; la vallée d'A'qyq ; le torrent et la vallée de Ranyéh ; le torrent, la vallée et la position de Tabalah : voilà pour la longitude. La latitude présente aussi une différence sensible, et les deux districts dont il s'agit sont descendus au sud d'une quantité notable. La position du pays de Bychéh est donc devenue plus méridionale et plus orientale que dans la carte du Nedjd ; la Mecque seule est restée invariable. Quant à Ouâdy el-Douâcer, province du Nedjd

---

[1] Le Tarabéh de la carte du Nedjd n'est peut-être pas le même point que Torbah ou Tarabéh de la nouvelle carte.

la plus avancée dans le sud-est, elle sort du cadre de la nouvelle carte. Au surplus, la petite carte de M. J. Planat avait déjà placé Ouâdy-Ranyéh et Ouâdy-Bychéh entre le 20ᵉ et le 21ᵉ parallèles, et aux méridiens 40° 15′ et 42° 15′; ce qui concorde bien, comme on peut le voir, avec ma carte de l'A'syr.

§ II. MONTAGNES, RELIEF DU SOL.

Passons aux détails intérieurs. La partie la plus importante, sans contredit, est celle du relief du terrain. Jusqu'à présent, dans aucune géographie, on n'a vu d'étude sérieuse sur le mouvement des montagnes de l'Hedjâz et de l'Yemen septentrional. Que sait-on sur leur élévation, leur direction, leur enchaînement et leurs cols ou passages? Quelles conséquences résultent de ces conditions pour l'état de la culture, pour la nature des productions, pour la population du pays? Et cependant, combien ces notions, si on les possédait, seraient propres à jeter du jour sur l'histoire ancienne de l'Arabie, qui, obscure encore, fixera bientôt (je n'en doute pas) l'attention suivie des savants et des historiens philosophes, comme des voyageurs et des ethnographes! Je ne veux pas parler seulement de l'histoire immédiatement anté-islamique, mais bien encore de l'histoire des temps plus anciens, au moins de l'époque à laquelle le pays attira les armées romaines dans de célèbres expéditions : mais n'anticipons pas sur ce sujet que nous essayerons de traiter ailleurs. On est donc, par toutes ces raisons, bien autorisé à rechercher les moindres notions sur la configuration du sol arabique en ses différents points, et sur ses hauteurs relatives ou absolues.

Ici, il n'est question que du pays compris entre les parallèles 17ᵉ et 22ᵉ, c'est-à-dire, la partie sud de la chaîne de l'Hedjâz et la partie nord de celle de l'Yemen : nous ne nous occuperons d'abord que des directions.

Dans le mémoire qui accompagnait la carte du Nedjd, j'ai eu occasion de parler de la grande élévation du plateau qui domine Tâyef à l'orient, et du froid qui y règne. Toutes les observations nouvelles confirment cette remarque ; les voyageurs récents disent qu'il y a plus d'un point habituellement couvert de neige. M. Tamisier affirme qu'il gèle sur la montagne de Tâyef, et les auteurs arabes disent qu'il y gèle même en été [1]. Mais la hauteur et le froid ne sont pas moins considérables sur le plateau situé vers le 19ᵉ degré ; les troupes y ont éprouvé récemment un froid excessif et presque intolérable, en passant de Bell-Akmar (ou As-

---

[1] Voyez ci-dessous, page 32.

mar) dans le pays d'Aly-Cheykh, pour arriver à
El-Qonfodah. Pour se représenter ce qu'ont dû
souffrir les troupes égyptiennes dans la traver-
sée de ce col, il faut songer au contraste de
cette température avec celle du voisinage de la
mer, et avec la température ordinaire de l'Égypte.

Au reste, les déserts voisins de l'Égypte,
bien moins élevés que ces plateaux arabiques,
présentent un phénomène analogue, généralement peu connu; il n'est pas absolument
rare que la température y descende à zéro. J'y ai
observé moi-même de la glace superficielle, non
très-loin de Syout, par le 17e degré de latitude;
mes compagnons de voyage en ont vu aussi
dans les déserts du Delta oriental; j'ai certainement plus souffert du froid sur cette lisière de
l'Égypte (à cause du contraste) que dans les
climats où le froid est très-rigoureux, tels que
la vallée du Danube au voisinage du Tyrol [1].

Il ne m'a guère été possible de tracer sur la
carte, avec quelque apparence d'exactitude,
d'autres montagnes que les lignes principales de
la chaîne. Les nombreux torrents figurés dans
l'intérieur, sur la *carte arabe*, me paraissent

1 Voir *Extrait d'un mémoire* sur la communication du
Nil des Noirs ou Niger avec le Nil d'Égypte, contenant des
remarques sur la hauteur et la température du lieu où a péri
le docteur *Oudney*, etc. : lu à l'académie royale des sciences,
le 18 avril 1825.

empêcher de supposer, comme on l'a fait, une
seconde chaîne parallèle à la première, et située
à deux degrés plus loin vers l'est. Je n'ai pu, de
ce côté, admettre avec vraisemblance que les
mouvements de terrain qui encaissent les divers
cours d'eau. Le point de l'orographie arabique
le plus essentiel à connaître, et que je me
suis attaché à établir nettement sur la carte,
est le passage entre les deux chaînes, celle de
l'Hedjâz et celle de l'Yemen, là même où finissent
et commencent les deux contrées; ce passage est
appelé *Tehmana* de l'*A'syr*, (peut-être pour *Tehámah*)? dans la *carte arabe;* jusqu'à présent il
ne me paraît pas avoir été ni fixé, ni figuré, ni
mentionné nulle part. Sa grande élévation a dû
former, de tout temps, une limite naturelle, en
même temps qu'un grand obstacle aux communications d'une région à l'autre. Selon moi, il fait
bien concevoir l'opposition qui a existé, de temps
immémorial, entre les tribus de l'Yemen et celles de l'Hedjâz; il explique les guerres héréditai-
res, les invasions successives, les expéditions des
tribus de l'Arabie centrale et de l'Arabie du nord
contre celles de l'Arabie méridionale. Ne peut-
on conjecturer qu'en tout temps ces tribus du
nord, de l'ouest et du centre, ont été jalouses de
la richesse qu'un sol un peu plus fertile assure à
l'Yemen, et des avantages qui l'ont fait appeler

plus spécialement l'*Arabie heureuse*, bien qu'il y ait dans ce surnom beaucoup d'exagération. Aujourd'hui même que l'Égypte combat, et combat avec peu de succès, dans ces montagnes de l'A'syr, elle y éprouve une résistance plus tenace et plus énergique encore que celle qu'elle avait rencontrée il y a quinze ans dans l'Arabie centrale sous Ibrahim-Pacha : et la cause en est sans doute dans la crainte où sont les gens de l'Yemen de voir leur commerce passer dans les mains des Égyptiens, après l'avoir défendu avec succès pendant près de vingt siècles contre les Romains, contre les Perses, les Arabes du nord, et même les Osmanlis. Je me hâte de terminer cette digression qui m'était suggérée par l'examen des localités ; en général je suis porté à penser que les rapports des peuples voisins ont eu souvent pour origine les circonstances du sol, et que la géographie physique explique, dans bien des cas, sinon les événements de l'histoire, du moins l'état d'alliance ou d'hostilité des pays limitrophes.

§ III. COURS DES EAUX.

Du relief du terrain dépend le cours des eaux; si l'on connaissait mieux la situation et la hauteur des montagnes ainsi que la configuration du sol, on serait plus éclairé sur l'importance, la direction et la permanence des cours

d'eaux. L'opinion la plus répandue est qu'il n'y a
pas en Arabie de rivières proprement dites, que
toutes les eaux sont torrentielles et qu'il y a telle
saison où les ravins sont à sec; par conséquent,
il serait au moins superflu de rechercher les noms
que portent les cours d'eaux. Je suis cependant
porté à croire que cette idée, vraie au fond, ne
doit pas être prise dans un sens absolu. Les auteurs arabes décrivent plusieurs rivières en Arabie. Le Dgihan-Numa en place trois dans le seul
pays d'Yémaméh; deux autres coulent à l'est et au
nord : enfin l'*Aftan* d'El-Edricy est une rivière
d'un cours très-étendu. Seulement, ce qui me
paraît certain, c'est qu'aucune des rivières n'est
navigable [1]; Ebn Haukal le dit expressément,
et le Dgihan-Numa s'exprime de même.

Les montagnes de l'Yemen ont renfermé et ren-
ferment encore sans doute des bassins étendus. Les
eaux sont contenues par des digues; il en a existé
de très-anciennes, célèbres dans l'histoire du pays,
et l'on sait que la rupture de ces digues est un
événement de quelque importance dans l'histoire
des siècles qui ont précédé l'apparition de Mahomet. On cite un vaste bassin qui n'avait pas
moins de 18 milles; or, ce fait permet de croire à

---

[1] Voyez *Notice géographique sur le pays de Nedjd ou
Arabie centrale*, etc.

l'existence de grands cours d'eaux supérieurs, et
de pluies considérables. Sans nous attacher aux
quatre fleuves que Ptolémée accorde libéralement à l'Arabie méridionale, on ne peut nier cependant que la plupart des historiens, Pline,
Strabon, Diodore de Sicile, s'accordent à placer des rivières dans la péninsule. Aujourd'hui
que l'on sait positivement que l'Arabie possède
plusieurs montagnes très-élevées, qui sont couvertes de neige et de glace une partie de l'année,
il faut bien admettre comme conséquence forcée
qu'à la fonte des neiges les eaux s'écoulent en
grandes masses dans les vallons et les ravins conti-
gus, et qu'elles se rassemblent ensuite au pied des
montagnes. Qu'on y ajoute encore les fortes
pluies, qui dans la saison tombent si abondam-
ment. Maintenant, s'il se rencontre quelque bassin
d'une pente continue, conduisant jusqu'à l'une
des deux mers (ou le golfe Arabique ou le golfe Persique), les eaux qui s'y écoulent, profondes ou non,
navigables ou non, ne peuvent-elles pas être
considérées comme de véritables rivières ? Bien
que je persiste à croire que les anciens géographes avaient prodigué, à tort, les fleuves et les
rivières sur les cartes de la péninsule (seulement
pour remplir les blancs et comme *par horreur
du vide*), je pense qu'on ne saurait admettre
qu'elle ne possède pas d'autres eaux courantes

que de simples torrents, et d'autres bassins que des ravins insignifiants, à sec la plus grande partie de l'année.

Ces réflexions me sont suggérées par l'étude de la *carte arabe* de l'A'syr; on y voit en effet tracés une multitude de cours d'eaux; tous ces ruisseaux, torrents ou rivières, ont des noms; le même nom se trouve inscrit à de grandes distances sur plusieurs d'entre eux et sans aucune variation, tellement qu'il est difficile de ne pas reconnaître une même rivière dans tel courant qui, comme celui de Bychéh par exemple, se continue régulièrement dans une étendue d'environ 75 lieues, depuis sa source jusqu'au lieu où finit la reconnaissance des officiers arabes.

Puis, si on rapporte cette ligne d'eau sur une carte générale d'Arabie, on ne peut se défendre de remarquer qu'elle se dirige sur l'Yémaméh, et là même où les auteurs arabes font passer leur rivière principale d'*Aftân*, qui se décharge près d'El-Qatýf dans le golfe Persique, après avoir arrosé la province d'El-Haçâ. Si cette jonction avait lieu en effet (ce que je suis loin d'affirmer), nous connaîtrions dès aujourd'hui la source de cette rivière d'*Aftân* dont on ignorait complétement l'origine, et l'on saurait aussi quelle est l'issue de la rivière de Bychéh qu'on croyait se perdre dans les sables.

Cette opinion, qui n'est qu'une simple conjecture, reçoit cependant un certain degré de probabilité d'une circonstance particulière; c'est que
cette rivière de Bychéh reçoit trois affluents notables, tous d'un long cours, le torrent de Ranyéh, le torrent de Tabalah et le torrent de
Théry; c'est ce qui résulte de la carte que je mets
aujourd'hui sous les yeux du lecteur, et où
j'ai suivi fidèlement les indications de la *carte
arabe*. N'est-il pas possible que cette masse d'eau,
ainsi accrue dans son cours, surtout pendant la
saison des pluies, continue sa marche au nord-
est, au lieu d'aller se perdre en entier dans les
sables ? Quoi qu'il en soit, le doute le plus profond planera sur ce point jusqu'au jour où un
voyageur digne de foi aura suivi ce courant à
la sortie de Ouâdy-Bychéh, et se sera dirigé au
nord-est jusqu'à la province d'El-Haryq. J'ajouterai toutefois qu'une grande chaîne se dirige
du sud-ouest au nord-est, à partir d'Ouâdy-
Chahrân (ou le district de Bychéh); qu'elle
paraît se rejoindre aux grandes montagnes de
Toueyk dans le Derre'yéh [1], et que cette direction est absolument la même que celle que je
suppose à la rivière de Bychéh et à l'*Aftân* su-

[1] Voyez ma petite carte générale de l'Arabie, jointe à
la carte de l'A'syr.

périeur. Je n'ignore pas que, selon le rapport du capitaine Sadlier, l'*Aftán* se dessèche en été; mais il n'est pas certain que ce qui est arrivé une fois, peut-être, pendant une année de sécheresse extraordinaire arrive tous les ans. Il se peut encore que depuis plusieurs siècles, depuis l'époque d'Ebn Haukal et celle d'Aboulfedâ, le volume des eaux ait diminué considérablement; ce fait météorologique a de nombreux exemples.

En résumé, je ne soutiens point qu'une grande rivière, correspondant à l'*Aftán* des auteurs, coule maintenant d'un cours suivi, depuis sa source dans les hauteurs de l'A'syr (au nord de l'Yemen), jusqu'aux îles Bahreyn, traversant toute la péninsule du sud-ouest au nord-est, dans une ligne directe de plus de 25o lieues; mais je fais remarquer 1º l'importance que paraît avoir le courant de Bychéh; 2º celle de ses trois affluents; 3º sa direction, conforme à celle que suit l'Aftân depuis les montagnes de Toueyk jusqu'au golfe Persique; 4º l'absence d'obstacles connus entre les deux parties de ce courant; d'où l'on est autorisé à inférer que, au moins dans des temps plus anciens, il y a eu un courant continu, depuis les montagnes de l'A'syr jusqu'au golfe Persique.

On a rapporté à M. Tamisier que de la province d'El-Douâcer il descend un cours d'eau qui passe à El-Derre'yéh et se jette dans le golfe Persique. Si ce rapport est exact, il confirme ma conjecture; il démontre l'existence d'une pente entre la partie S. E. du Nedjd (c'est la position qu'occupe El-Douâcer) et le port d'El-Qatyf : pente continue, et suffisante pour l'écoulement des eaux; or El-Douâcer confine à la province de Chahrân (ou à la vallée de Bychéh). C'est donc là un point de plus pour la ligne du cours d'eau dont il est question. M. Tamisier ajoute que le torrent de Bychéh se perd pour reparaître dans El-Douâcer; donc, dans les hautes eaux, Ouâdy-Chahrân et Ouâdy-Douâcer sont traversées par le même courant. Quant au passage du cours d'eau par El-Derre'yéh, je pense qu'il s'agit plutôt de sa jonction avec la rivière d'Ouâdy-Hanifeh (d'El-Derre'yéh) au sortir de la province d'El-Khardj; car, sans doute, cette rivière a son issue dans l'*Aftán*.

Mon opinion est encore confirmée par un témoignage tout récent que je trouve consigné dans les Mémoires de la Société géographique de Londres, celui d'un voyageur intelligent, M. C. J. Cruttenden, qui s'est rendu de Mokha à Sanâ, par la route du nord (ou de gauche); il s'exprime ainsi sur le Tehâmah : « Les rivières (ou grands ruisseaux) « sont permanentes dans le Tehâmah; les eaux

« y gardent toujours leur lit, et les ravins sont
« toujours couverts de bois épais. »

On trouvera, peut-être, que les divers cours
d'eau tracés sur ma carte affectent des ondu-
lations trop marquées, quoique la plupart dou-
teux et incertains. J'avoue que j'aurais préféré
trouver dans l'original des lignes moins con-
tournées, afin de porter seulement, sur la feuille,
de grandes directions, selon le judicieux usage
de d'Anville. Mais je ne pouvais supprimer, sans
arbitraire, les nombreux contours des lignes
d'eau marqués dans la *reconnaissance* arabe;
détails qu'il eût été aussi difficile de modifier
que d'effacer tout à fait.

§ IV. POSITION DES LIEUX PRINCIPAUX DE LA CARTE.

J'ai déjà, au premier paragraphe, indiqué les
bases générales de la carte, et celles de la détermination de plusieurs localités, telles que la
Mecque, Ouâdy-Bychéh, Khamys-Micheyt, etc.
Je vais passer en revue la position de plusieurs
endroits secondaires. En premier lieu, j'ai pu
soumettre tout ce qui avoisine la côte à une donnée exacte, savoir : la grande carte de la mer
Rouge par Moresby; seulement j'ai regretté de
ne pas trouver dans celle-ci les noms et les positions de tous les lieux voisins de la côte, ni

même les issues des torrents qui descendent des hauteurs de l'Hedjâz, de l'A'syr et de l'Yemen. Cependant, elle m'a fourni des secours pour rectifier la carte arabe en ce qui regarde les positions de *Lyts*, *Haly*, et quelques autres du littoral. Les criques, ou petites baies, qui y sont soigneusement représentées, ont donné l'embouchure probable des torrents dirigés de leur côté.

J'ai placé le point de Tâyef, qui est important à cause de sa fertilité et des montagnes de ses environs, en partie d'après un tracé itinéraire de Djeddah à Tâyef, gravé à part sur la belle carte allemande de *l'Arabie et de la région du Nil*, qui fait partie du grand atlas d'Asie de Berghaus. Pour la partie de l'A'syr et les parties voisines, je n'ai pu faire usage de cette carte elle-même [1], attendu la discordance qu'elle présente avec la *carte arabe* qui m'a servi. *Tâyef*, *Tarabéh*, *Bychéh*, *Tabalah*, me paraissent y avoir une position trop méridionale et trop éloignée de la Mecque. La chaîne de montagnes, dans la partie du Chamrân, est trop reculée de la côte; elle s'enfonce à plus de trente lieues dans les terres, tandis que les officiers anglais, qui ont relevé le golfe en dernier lieu, l'ont aperçue de la mer,

---

1 Mon travail était terminé quand j'ai étudié cette carte qui m'avait échappé, et qui, au reste, est la seule où j'aie aperçu le nom d'A'syr.

et l'ont en conséquence figurée sur la carte ; et
de plus, cette chaîne reculée occupe un espace
où les officiers égyptiens ont traversé des cours
d'eau importants, ceux de Ranyéh, Tabalah,
Thery. Au reste, je ne prétends pas donner mon
tracé comme préférable, et je veux seulement
dire que je n'ai pu faire usage, après coup, de
la carte allemande (quoique d'ailleurs très-riche
de détails dans beaucoup de ses parties), carte
qui a été, lors de sa publication, un progrès pour
la géographie. Le fait est qu'on était et qu'on
est encore privé d'observations assez exactes
pour tracer une bonne carte du pays.

Tarabéh est un des lieux les plus considérables de la contrée ; il est à regretter que sa position diffère sur toutes les cartes, avec d'aussi
grandes divergences ; dans celle que je viens de
citer, elle est reculée, ce me semble, beaucoup
trop au sud [1] ; il en est de même de *Tabalah*.
J'ai placé El-A'qyq approximativement, d'après
la carte originale, sur la route de Bessel à Tabalah. En général, j'ai dû maintenir la position des
lieux indiqués sur la carte arabe (quelque imparfaite que soit cette ébauche), jusqu'à ce qu'il
parvienne à ma connaissance une donnée géo-

[1] Il est possible qu'il y ait deux lieux du nom de
Tarabéh.

graphique plus digne de foi; au reste, Tarabéh, Bessel, Micheyt, ont été le théâtre d'actions mémorables et de victoires sanglantes des Égyptiens, comme aussi des revers de leurs armeés.

On remarquera ici un assez grand nombre d'endroits dont le nom seul figure, sans la fixation précise de la position. Si j'avais supprimé les noms pour ce motif, j'aurais craint de retrancher une indication qui donne, du moins, la situation respective des lieux, et qui aide à suivre les marches des troupes, à comprendre le récit des événements militaires. Plus loin, je parlerai de la division du pays en districts ou cantons : ici, je me bornerai à dire que les limites entre le Nedjd et l'Hedjâz, entre l'Hedjâz et l'A'syr, ont été tracées approximativement, et qu'il ne faut pas attacher beaucoup de valeur à ces divisions. Burckhardt a déjà remarqué combien les auteurs diffèrent sur les limites.

Je suis forcé de me borner à un petit nombre de remarques sur l'emplacement des lieux principaux, vu l'absence de renseignements, et dans les livres de voyage, et dans les auteurs arabes traduits et publiés jusqu'à présent. En général, la partie du nord de l'Yemen qui correspond à l'A'syr n'est décrite nulle part, et s'il en est question dans *l'Asia* de Berghaus, elle y est seulement nommée sans aucuns détails géographi-

ques. Je me flattais de trouver quelques lumières
sur la position des lieux, dans le Dgihan-Numa
(ou le Géographe turc [1]), et dans la *notice* de
l'ouvrage intitulé : *Barq el Yemany* (la foudre de
l'Yemen), écrite par M. le B. Silvestre de Sacy [2] :
mes recherches ont été vaines. On ne trouve
rien non plus sur cette partie de l'Yemen dans
la géographie d'Aboulfeda, ou dans ses annales
musulmanes ; ni dans l'extrait de Masoudi [3],
dans Abdellatyf, dans Ben-Batouta [4] ; ni dans
l'*Historia ante-islamica*, 1831, traduite par Fleis-
cher, dans l'*Historia Iemanæ* par Johannsen,
1828, ou dans l'ouvrage tout récent de M. Rutgers
(*Historia Iemanæ sub Hasano Pascha*, publié en
1838, in-4°, à Leyde ; ce dernier ouvrage, qui fait
suite en quelque sorte au *Barq el-Yemány*, ne m'a
pas présenté le nom du pays d'A'syr, et il n'en
est pas question dans l'*index géographique*. Le
Dictionnaire géographique de Soyouty ne fait

1 Cependant le nom d'A'syr y figure : voir la traduction
manuscrite d'Armain, in-fol., Mss. de la bibliothèque royale.

2 *Notices et extraits des manuscrits de la bibliothèque
nationale*, tom. IV, page 522 et suivantes. Le texte, pas
plus que la nomenclature géographique placée à la fin, ne
donne sur ces lieux aucun renseignement.

3 *Notices et extraits des manuscrits* par M. de Guignes,
tom. Ier, page 1.

4 The travels of Ebn Batuta, etc., translated by the
rev. Sam. Lee ; in-4° 1829.

pas mention de l'A'syr; ce nom, quoique celui d'une tribu, n'est pas cité dans le dictionnaire des tribus arabes de Kalkasendi [1]. L'Edricy ne mentionne pas non plus le nom d'A'syr [2]. D'Herbelot, d'Anville (parmi les écrivains et les géographes [3]), non plus que les voyageurs modernes, tels que Niebuhr, et même les plus récents, tels qu'Aly-Bey et Seetzen (je parlerai tout à l'heure de Burckhardt), n'en apprennent pas davantage.

C'est cette pénurie de matériaux géographiques qui me fait penser que l'essai de la nouvelle carte ne sera pas tout à fait sans intérêt et sans utilité, ou, du moins, qu'il obtiendra toute l'indulgence dont il a besoin. Au surplus. la no-

1 *Ansab-el-A'rab*. Je dois ce renseignement à l'obligeance de mon docte confrère M. Reinaud.

2 Les seuls noms de lieux que j'ai trouvés dans l'Edricy, communs à son ouvrage et à ma carte, sont au nombre de cinq. Tebalah (Tabalah), Taïf (Tayef), A'kik, Bicha et Turba (Tarabéh), (2ᵉ climat, 5ᵉ section, page 142 et suivantes), Géographie d'Edrisi, traduite de l'arabe en français par Am. Jaubert. Paris, in-4º, 1836. Tome V des Mémoires de la *Société de géographie*.

3 Je n'ai pu avoir connaissance des matériaux que le savant docteur Ehrenberg paraît avoir eu en sa possession sur l'Arabie; il est à regretter que la mission du lieutenant Wellsted, habile observateur, se soit presque bornée au pays d'Oman, dont il a fourni une description et une carte aussi exactes que neuves.

menclature suivante de l'A'syr et de toute la région (voy. § V) me paraît faite pour fixer l'attention des géographes; elle annonce une contrée
plus peuplée qu'on ne pensait. Cette pièce m'est
parvenue d'Égypte depuis peu, en original, par
l'intermédiaire de mon docte correspondant
M. Fulgence Fresnel. A la suite, j'ai laissé la
note purement historique qui s'y trouvait dans le
manuscrit, afin de ne rien changer au texte.

Complétons ce paragraphe par l'étude de la
description de l'Edricy, récemment traduite par
le savant orientaliste M. Amédée Jaubert. Je dirai
d'abord quelque chose de la valeur des journées
de marche, afin de faire mieux apprécier les passages du géographe arabe : cette valeur, telle
qu'elle résulte de l'ouvrage, ne sera pas inutile
à établir ici. Pour la déterminer, je me sers de la
base la plus positive que je puisse me procurer;
c'est la comparaison des itinéraires de cet auteur,
dans le voisinage du golfe Arabique, avec la grande
carte de Moresby (il ne serait pas aussi exact
de se servir de l'itinéraire de la Mecque à Sana',
ou des autres). De la Mecque à Dhou-Sohaîm, dans
le Khoulân, il compte et énumère onze stations
et douze lieux différents; Haly est à la septième.
De cette donnée, on conclut une valeur de 24 à
25 milles (le mille arabe, de $56\frac{2}{3}$ au degré);
cette valeur est confirmée par la distance de huit

journées de *Haly à Djeddah* ; elle l'est encore
par l'itinéraire de la Mecque à Sana' (ci-dessous), où l'Edricy compte 48 milles pour deux
stations, et encore 72 milles pour trois stations.

Ici se place naturellement la description d'El-
Edricy (2ᵉ climat, 5ᵉ et 6ᵉ sect.); j'en donnerai
donc un extrait, où j'ai rapproché les différents
passages épars qui se rapportent aux mêmes
localités.

« Serraïn est à cinq journées de Haly, à trois
« de Djeddah (p. 136.) Tebalah est un fort à
« quatre journées de la Mecque; on y trouve
« une eau courante; de Tebalah à Bichah, 50
« milles (p. 148). »

Serraïn était un fort; il paraît qu'il n'existe
plus que de souvenir : le nom de l'île Serrane est
différent, et cette île est située plus loin dans le
sud; on a donc tort de placer le nom de Serraïn
sur les cartes modernes, d'après la géographie
d'El-Edricy, comme s'il y avait là une ville exis-
tante, peuplée et considérable. Tebalah est le
même lieu que Tabalah de la carte de l'A'syr,
mais sa position est beaucoup trop rapprochée
de la Mecque; Bycha (ou Bychéh) est bien à 50
milles de Tabalah.

Pour se rendre de la Mecque à Taïf (Tâyef),
« on gravit, » dit l'Edricy, « la montée de Kouda,
« d'où l'on aperçoit Taïf. Cette ville fut la rési-

« dence de la tribu de Thakif. Elle est petite,
« bien peuplée, bien pourvue d'eau douce ; le
« climat y est tempéré, les fruits abondants, les
« champs fertiles ; on y recueille beaucoup de rai-
« sins ; les raisins secs de Taïf sont très-estimés,
« et on en exporte au loin une quantité très-con-
« sidérable. La majeure partie des fruits consom-
« més à la Mecque provient de ce lieu. On y fait
« beaucoup de commerce, on y travaille le cuir
« parfaitement, et les chaussures de Taïf sont
« proverbialement connues. La ville est bâtie sur
« le penchant du mont Ghazwân, où sont les ha-
« bitations des Beni-Sa'd, dont le nom est em-
« ployé proverbialement pour dire une famille
« très-nombreuse, et celles d'une partie de la
« tribu de Beni-Hodeïl. Dans tout l'Hedjâz, il n'est
« pas de lieu dont la température soit plus froide
« que celle du sommet de cette montagne ; *l'eau*
« *y gèle quelquefois en plein été.* Du côté de l'o-
« rient, résident les Beni-Halal, ainsi que les
« Beni-Sa'd et les Hodeïl ; du côté de l'occident,
« les Modledj et d'autres qui font partie des tri-
« bus de Modhar. » (Page 142.)

Les lieux principaux de cette partie de l'Ye-
men, cités par l'Edricy, sont Nedjd-el-Taïf, Akik
(A'qyq), Turba (Torba ou Tarabéh), Bicha,
Djoras ; dans le *Tehámah*, il nomme Serraïn,
A'k, etc. (Pag. 142.)

Voici l'itinéraire de la Mecque à Sanâ'; je crois qu'il s'éloigne peu, dans sa première partie, de la route de Sanâ', que j'ai figurée sur la carte de l'A'syr. Il se compose de vingt stations :

Cabr-el-Murtefa.	Hasda.	A'rca.
Carn-el-Menazel.	Biat.	Sa'da.
Safr.	Sabkha.	El-A'mechié.
Keri.	Cacha.	Djenouân.
Rouïtha (Rouey-	Nedjem.	A'nafit.
thah).	Sadoum-Rah.	Rabda.
Tebala.	Mehdjera.	Sana'.
Bichat-Iaktan.		

A 8 milles de Sadoum-Rah est Djoras, ville égale en importance à Nedjerân; à Mehdjera est la séparation entre le territoire de la Mecque et celui de l'Yemen. De Sa'da à Sanâ', on compte 180 milles (c'est plutôt 120), et, du même point à Djenouân, 48 milles. Ce dernier endroit est riche en vignes. De là à Sanâ', il y a 72 milles; de Rabda à Sanâ' on compte une station; en tout, vingt stations.

La Mecque a une position centrale; il y a en effet vingt stations jusqu'à Sanâ', vingt stations jusqu'à Zebid, vingt à Iemamé, vingt-cinq à Bahrein, trente à Damas : ces rapports sont exacts.

La route de la Mecque à Dhou-Sohaïm (dans le Khaulan) se dirige dans le Tehâmah qui dépend de l'Yemen. Voici l'itinéraire (p. 145):

Malkan.	Ialamlam.

Caïna.	Sankian (rivière).
Darca et O'lbob.	*Bichat-Iaktan.
Hachaba.	Haran-el-Carin.
Canouna, *puits*.	Khaulan Dhi-Soheïm
Bicha-Haran.	(fort) (pag. 143 et
Hali (sur le bord de	suiv.).
la mer).	

D'après l'Edricy, Bichat-Iaktan serait le même lieu que l'endroit de ce nom qui est sur la route ci-dessus (de la Mecque à Sanâ'); l'erreur est évidente.

« Le *Tehama* est couvert, comme d'un réseau, « d'une chaîne de montagnes qui commence à la « mer de Kolzoum, et dont un embranchement « se dirige vers l'orient. L'étendue de cette pro-« vince, depuis Sordja jusqu'à Aden, en suivant « les bords de la mer, est de douze journées ; sa « largeur est de quatre journées, depuis les monta-« gnes jusqu'au territoire d'A'labaca : Sanâ' en est « éloigné à peu près de dix journées. » (Pag. 145-6.)

Niebuhr et les géographes s'accordent à faire commencer le *Tehâmah* au district de Khoulan ; je ne vois que l'Edricy qui le fasse remonter à l'Hedjâz, et jusqu'à la Mecque[1]. Il est vrai que ce mot est générique et signifie pays plat ou plateau, tendant vers la mer, par opposition à *Nedjd*, lieu élevé et montueux, reculé dans les terres.

1 Voyez Chap. II, § 11 ci-après.

La carte générale, jointe au voyage de Burckhardt en Arabie, diffère notablement de celle
qui est sous les yeux du lecteur, et il serait inutile d'en faire la comparaison. Les positions y sont
trop distantes de la côte. Selon moi, Tabalàh y
est aussi beaucoup trop éloigné de Tâyef et de la
Mecque, dans le sud. Je pense que le judicieux
et savant voyageur a cru Tâyef plus écarté dans
l'est qu'il ne l'est en réalité. De là, l'éloignement
que le rédacteur de la carte, M. Sidney Hall, a été
obligé de donner à la route des pèlerins, allant de
Sanâ' à la Mecque. Cette route, d'après le document rapporté par Burckhardt (tom. II de la trad.
fr., p. 380, in-8°), serait de quarante-trois journées ou stations; mais ce sont là évidemment des
journées très-courtes et une marche très-lente.
Le nombre des stations n'est que de vingt, au rapport d'Edricy; au surplus, le voyageur ne paraît
pas donner beaucoup d'importance à cet itinéraire, et nous ne devons guère attacher de valeur
qu'aux itinéraires qui appartiennent en propre à
Burckhardt. Il parle, en plusieurs endroits, de la
tribu d'A'syr, comme étant une des plus influentes
et des plus belliqueuses; il cite une fois leur territoire, mais nulle part il n'en définit l'étendue [1].

---

1 L'A'syr et la tribu d'A'syr sont seulement cités dans
l'*Appendice* ; cette tribu y est appelée puissante (voyez
p. 374 et suivantes).

3.

Le docte géographe Henri Berghaus a consacré quelques pages de son *Asia* à la description de l'Yemen septentrional ; je ne les ai connues qu'après avoir achevé mes recherches et la carte qui en est le résultat ; j'y trouve mentionnés seulement les noms principaux (voy. ci-dessus, pag. 25) ; d'ailleurs tout le travail de ce savant sur l'Arabie est plein de recherches érudites et remarquable par la discussion [1]. Il fixe la position d'un lieu principal appelé *Hudud-Asyr*, qui manque à la *carte arabe*, et que je n'ai pu, par ce motif, placer sur la mienne. Cette position est à peu près à la hauteur de Djanfour et à l'ouest. Khamir-Meschit (*Khamir* pour *Khamys*) est placé un peu au N. O. de la position que j'ai adoptée.

Je termine ici ce qui regarde la position des lieux ; quant à la division des districts, quartiers et arrondissements, je pourrais renvoyer à la nouvelle carte, comme en donnant une idée suffisante ; mais cette division même a besoin de quelques éclaircissements.

1° Le territoire de la Mecque paraît se prolonger au sud jusqu'à Haly, à l'est jusqu'à Taba-

---

1 Geo-hydrographisches memoir zur Erklärung und erläuterung der general-Karte von Arabia und dem Nil-Lande. Gotha , 1835, 4°, etc., faisant partie des Mémoires à l'appui de *l'atlas d'Asie* de Berghaus.

lah, de manière à contenir presque tout le courant de Tabalah, et Ouâdy-Chamrân ; 2°.du côté de l'est, Ouâdy-Chahrân et une partie du courant de Bychéh appartiennent au Nedjd ; ainsi l'A'syr, ou la partie qui en est représentée ici, commence au nord, au torrent de Tabalah, et finit au Khoulan ; du N. E. au S. O., elle est limitée entre le torrent de Bychéh et la mer. Les districts portent le nom des principales tribus, et sont appelés Hamdân, Mohâyl, Bell-Akmar, Tehmana, Djanfour (ou Djanfou), Redjâl el-Mâ, Djera (ou Tejera), Khamys-Micheyt, Khâref, O'beydah, et Dâr Beny-Seba ; d'autres parties au S. E. manquent probablement à cette énumération. Quant aux limites des arrondissements, rien n'est plus difficile que de les assigner ; c'est ce que pensait aussi Burckhardt ; et c'est encore ce qu'a très-bien fait sentir l'éditeur de son *Arabie*, M. Wm Ouseley, dans la préface qu'il a mise en tête.

Je finirai par une observation qui s'applique à l'A'syr comme à d'autres parties de l'Arabie intérieure. La conjecture que j'ai émise au commencement, sur la population du pays, se trouve confirmée par un témoignage digne de foi et tout récent, c'est celui de M. Fulgence Fresnel. Étant à Djeddah, au commencement de l'année, il écrivait « que les pays de l'Yemen, dont la place est restée blanche sur les cartes, sont couverts de villages, de cultures et de lieux habités. »

Il est donc probable que l'aspect de la carte d'Arabie, à mesure qu'elle se perfectionnera, ira toujours en se rapprochant un peu de la physionomie de la carte de Ptolémée. N'a-t-on pas vu dans l'*Histoire sommaire de l'Égypte*, que le principal personnage du pays d'A'syr, Aly Mujessen, y avait fait une levée de *dix mille hommes* pour la cause des troupes égyptiennes? Et cependant tout le pays était soulevé et en armes contre le Vice-roi! Il faut reconnaître que l'Arabie, relativement surtout au degré de fertilité du sol, doit être bien plus peuplée qu'on ne l'a cru jusqu'à présent. Cette péninsule appelle donc les explorateurs à des découvertes certaines, faites pour jeter un jour tout neuf sur une des pépinières du genre humain.

NOMENCLATURE

GÉOGRAPHIQUE :

PREMIÈRE LISTE,

D'APRÈS LE TABLEAU ÉCRIT PAR LE CHEYKH A'OUS, DE
LA SUITE D'ABOU-NOQTAH CHEF DU PAYS D'A'SYR.

La liste suivante des noms de villes, provinces
et tribus, sources, torrents et montagnes, est divisée en six séries, composées chacune de plusieurs
parties ; elle ne peut pas être considérée comme
une nomenclature complète des localités, mais
elle donne des indications précises pour un grand
nombre de lieux qu'on chercherait ailleurs vainement. La division des articles semble toutefois
être un peu obscure, surtout pour le sixième,
intitulé : « Divers sujets connexes ou relatifs à
« ce qui précède. » La deuxième série, celle
des tribus, ne paraît pas complète ; mais elle
renferme des noms qui manquent dans les listes
de Niebuhr, de Seetzen et de Burckhardt ; comme
aussi il manque dans ces dernières plusieurs tribus
connues pour résider dans cette partie de l'Arabie,
et qui se trouvent comprises dans la liste suivante.

Je donne, à la suite, une liste générale alphabétique de tous les noms de lieux de l'A'syr et des pays environnants, d'après la carte arabe rectifiée et quelques autres documents. Cette deuxième liste, beaucoup plus étendue, ne paraîtra pas superflue, si l'on réfléchit au peu de connaissances que l'on possède sur la géographie détaillée de l'Arabie. Ce travail long et minutieux a exigé beaucoup d'attention, et j'ai tâché d'y éviter les doubles emplois, en comparant tous les noms écrits de différentes manières avec ceux qui sont cités dans Edricy, ainsi que dans Niebuhr, Burckhardt et les autres auteurs.

TABLEAU [1] *des noms de lieux, et renseignements concernant l'Hedjâz, le Tehâmah, la province de l'A'syr et la partie contiguë de l'Yemen, divisés comme il suit : le premier article comprend les provinces, les lieux et les terres ; le deuxième traite des tribus ; le troisième, des villes et villages ; le quatrième, des sources et des torrents ; le cinquième, des montagnes ; le sixième comprend divers sujets connexes avec ce qui précède.*

ARTICLE PREMIER.

PROVINCES ET ARRONDISSEMENTS.

El-Hedjâz.

Tsaqyf............................	ثقيف
Nâsserah........................	ناصرة
Beny sa'd........................	بني سعد
Beny mâlek......................	بني مالك

[1] La traduction de la *tête du Tableau* a été faite par M. Honoré Vidal, ancien drogman à Alep, et revue obligeamment par mon savant confrère M. Reinaud. J'ai transcrit de l'arabe tous les *noms de lieux*, d'après le même mode que dans la *Notice géographique sur le Nedjd*, mode qui est le même, à peu de chose près, qu'on a suivi dans la DESCRIPTION DE L'ÉGYPTE publiée par ordre du gouvernement, et qui me paraît répondre aux principales conditions de la transcription.

On a imprimé l'arabe le plus exactement possible, d'après le manuscrit original.

Zahrân . . . .   زَهْرَان

Ghâmed . . . .   غَامِدْ

Qahtân . . . .   قَحْطَان

Chamrân *ou* Chomrân . . . .   شَمْرَان

Belqarn . . . .   بَلْقَرْن

Beny-O'mar . . . .   بَنِى عُمَر

Beny-chahr . . . .   بَنِى شَهْر

A'syr ou *A'cyr.*

Belsamr . . . .   بَلْسَمْر

Belhamr . . . .   بَلْحَمْر

Rofeydah *ou* Roufeydah . . . .   رُفَيْدَة

Beny-a'lkam . . . .   بَنِى عَلْكَم

Beny-maghyd . . . .   بَنِى مُغَيْد

A'syr . . . .   عسِير

Rabya'h . . . .   ربيعه

Cha'f Chahrân . . . .   شَعْف شَهْرَان

A'bydah *ou* O'beydah . . . .   عَبِيدَة

Partie contiguë à l'Yemen.

Yâm...................... يَـامْ

Bikyl...................... بكِـيـلْ

Hâched...................... حَـاشِـدْ

Choreyf...................... شُـرَيْـف

Ouâd a'h...................... وادِعَـه

Sanhân *ou* Sakhân............... سَنْحَـانْ

Khoûlân...................... خَـوْلَانْ

Partie du Tehámah el-Hedjáz.

Sa'dyéh...................... سَعْدِيَّة

Ouâdy Fâtméh................. وآدي فاطِـمَـة

Hosseynyéh.................... حسينِيَّـة

Achâkhah...................... أَشِيَاخِـة

Douqah *ou* Doqah............ دُوقـِه

El-hasbéh *ou* el-hasbé.......... الحَـسْـبَـة

Loùmah...................... لَـوْمَـة

Ouâdy Qanounah............... وَادِع قَنُونَـة

Beny-Bóheyr.................. بَنِـي بُحَـيْـر

Partie du Tehâmah A'syr.

Haly.....................	حَلِى
Ouâdy Mahâyel *ou* Mohâyl........	وَادِى مُحَايَلْ
Qânâ *ou* Qéné.............	قَنَـا
Redjâl el-ma'................	رِجَالُ الْمَعْ
Derb Beny-Cha'bah...........	درب بَنِى شَعبَه
Ouâdy Mour...............	وَادِى مَوْر
Ouâdy el-hachhâch............	وَادِى الْحَشْحَاشْ

Partie du Tehâmah el-Yemen.

Ouâdy Djys................	وَادِى حَيَّس
Haydjet Zarâneyq..............	هَيْجَةُ زَرَانِيْق
Ouâdy el-zahrah...............	وَادِى الزَّهَرَة
Ouâdy el-hamah..............	وَادِى أَلْحَـمَـة
Ouâdy el-mylah (*ou* el-meylah)....	وَادِى الْمَيْلَـة
Ouâdy Doughân.............	وَادِى دُوغَان
Khabt el-Baqar..............	خَبْت أَلْبَقَرْ

Zaouy Mohammed............ ذَوَى مُحَمَّدْ

Zaouy-Hosseyn............... ذَوَى حُسَيْن

———

El-djanfour................. أَلْجَنْفُوُر

Khamys Micheyt.............. خَمِيسٌ مُشِيطْ

Ouâdy chahrân............... وَادِى شَهْرَانْ

El-ma'malah................. المَعْمَلَهْ

Beny-khâled................. بَنِى خَالِدْ

Ouâdy el-khadrâ............. وَادِى الخَضْرا

Bychah *ou* Bychéh............ بِيشَهْ

El Tsanyéh.................. الشَّنِيَّةْ

Ouâdy Torbah............... وَادِى تَرْبَهْ

Ou'teybah.................. عُتَيْبَهْ

Ouâdy lyah................. وَادِى لِيَهْ

ARTICLE DEUXIÈME.

TRIBUS — QORAYCH.

Zahrân.

Beny-Soueyf................ بَنِى سُوَيْف

Belkhazmar......................	بَلْخَزْمَر
Beny-O'mar.....................	بَنِى عُمَر
Kanânah......................	كَنَانَه
Barharah......................	بَرْحَرح
Cheberqah.....................	شُبَرْقَه

Ghâmed.

Beny-Ta'labah *ou* Tsa'labah......	بَنِى ثَعْلَبَه
Beny-tzabyân..................	بَنِى ظَبْيَان
Beny-Kebyr....................	بَنِى كَبِير
Ahl-Arhaouah..................	أَهْل أَرْهَوَة
Bechahm.....................	بَشَهْم
Sâyl el-bahry.................	سَايِل البَحَرى
Sâyl el-Charqy................	سَايِل الشَّرْقِى
Beny-A'bd-Allah..............	بَنِى عَبْدِاللَّه
Qazânah......................	قَـذَانَه

Beny-Chahr.

Namâs.......................	نَمَاص
Beny-bakr....................	بَنِى بَكْر

Beny-zeyd.	بنى زَيْدْ
Tenoumah.	تَسنُومَهْ
A'qb *ou* Ghaqb.	عَقب

Partie du Tehâmah el-Hasbéh.

Beny-A'ysā.	بنى عِيسَى
Lob.	لب
Ebn saghra.	ابن سَغْرْ
Djarbah.	جَرحَهْ
Moua'qas.	مَعقص
Samâlah.	سمَالَهْ
Medzyâlah.	مذْيَالَهْ
Méhdyéh.	مَهْدِيَهْ
A'bâdlah.	عَبَادلَهْ
Ou'teybah.	عتيبة
Ou'teydjah.	عتيجة
El-A'djalyn.	ألعَجَالِين

Loumah.

Beny-zeyd.	بنى زَيْد

Zobeydah...................... زُبَيْدَة

Halfah...................... حَلَفَة

Vallée de Qanounah.

Belhân...................... بَلَحَائْن

El-A'ouâmer.................. الْعَوَامِر

Ebn el-motasser.............. ابْن الْمُتَصِر

Chomrân.................... شُمْرَان

Beny-zeyn.................... بَنِى زَيْن

El-Katseyr .... الْكَشَيّر

Beny-Boheyr.

El-A'mârah.................. الْعَمَرَه

El-Solimân.................. السَّلَمَان

Belhâret.................... بَلْحَارْث

Tehâmah Beny-Chahr.

Beny-zeyd.................... بَنِى زَيّد

Rabya'h...................... رَبِيَعَه

Zouâna'h.................... زُوَائَه

Zyâla'h...................... زَبَالَه

Qaouz el-fazyry (*ou* ghozeyry)..... قُوْز الْفَزِيْرِى

Bitâ' albon.................. بِتَاع الْبُن

Partie du Tehámah A'syr.

Daryb	دَرِيب
El-Raych	الرَّيْش
Beny-toua'h	بَنِى نُوعَه
Chadjy	شَجِى
Rouâm	رُوَام
Oualad eslam	وِلْد اَسْلَم
Beny-zâlmy	بَنِى ظَالِى
Beny-qatbah	بَنِى قَطْبَه
Beny-zeydy	بَنِى زَيْدِى
Beny-djounah	بَنِى جُونَه

Partie contiguë à l'Yemen.

Rabya't el-Yemen	رَبِيعَة الْيَمَن
Zarâneyq	زَرَانِيق
Zaôuy Mohammed	ذَوِى مُحَمَّد
Zaouy Hosseyn	ذَوِى حُسَين

ARTICLE TROISIÈME.

VILLES ET VILLAGES.

Partie du Téhámah de la Mecque.

Djeddah......	جَدَّه
Qonfodah *ou* el-Qonfoudah	قُـنْـفُدَة
Abou A'rych...............	أَبُو عَرِيش
Lyts.......................	لِيَتْ
Qour.......................	قُور
Haly.......................	حَلِى
Khasa'h....................	خَسْعَه
Cho'qeyq..................	شُعْقَيْق
Djâzân.....................	جَازَان
Omm-el-Khachab.............	أُمُّ الْخَشَب
A'byd rahmân...............,	عَبِـيْدْرَحْمَان
Houleyfah..................	خُلَيْفَه
Bâreq......................	بَارِق
Che'ibyn	شِعْبِيِن
El-A'ous	العَوَّض

A'mqah.......................... عَمْقَه

Djerf........................... جَرْف

Hedjâz.

Tâyef........................... طَائِف

Qorā beny-O'mar................ قُرَى بَنِى عُمَر

Raghdân........................ رَغْدَان

Bâchouat....................... بَاشْوَة

El-A'lyah....................... الْعُلَيَّة

Mechnyah....................... مَشْنِيَّة

El-hadâdah..................... الْحَدَّادَه

Mastourah *ou* masnourah....... مَسْتَوَرَة

Qern el-mefil (*ou* el-mefsil)....... قَرْن الْمَفْسِل

Khamys ouâdy el-hommah....... خَمِيس وَادِى الْحَمَه

Beldjarchy...................... بَلْجُرْشِى

Beny-châr....................... بَنِى شَار

Qourah......................... قُورَة

Hâdâ........................... هَاذَا

Sadryah........................ صَدْرِيَه

Masqarah..........................	سَمْقَرَة
Isneyn ebn-khoraym.............	اسْنَين أُبن هُرَيم
Tabab............................	طَبَب
Rabya'h..........................	رَبِيعَة
Mirqân...........................	مِقرَان
Tsihân...........................	ثِهَان
Soudah...........................	سُودَة
Anfâl............................	انـفَال
Saqâ (ou Saqqâ).................	سَقَا
Rydah ou Reydah................	رَيدَة
Marouah..........................	مَروَة
Hayfah...........................	حَيفَة
Bech-ham.........................	بَشهَم
Maghmourân.......................	مَغمُورَان
Medynéh..........................	مَدِينَة
El-Kourah........................	الكُورَة
El-Hassâ.........................	الحَسَا
Djodeydah........................	جُدَّيدَة

Sofrà .... صَفُرَا

Bedr .... بَدَرَ

Basl *ou* Basal .... بَسَلَّ

Medallaléh *ou* Mesalléh .... مَظَلَّاة

El-A'ryn .... العَرْبِن

Yemen.

El-Bâhah .... ألبَاحَة

Qatbah .... قُطْبَة

El-chouât .... الشُوَاط

Suite.

Cha'tân .... شُعتَان

Menâ .... مِنَا

Mozdalifah .... مُزْدَلِفَة

El-madrak .... ألمَدَرَك

Adéh .... أدة

ARTICLE QUATRIÈME.

SOURCES ET TORRENTS.

Hedjáz.

Bychéh Soudah *ou* Beychéh Soudah.	بِيشَة سُودَة
Syl tebléh et Albornyah.........	سَيْلَ تَبْلَهَ وَٱلْبَرْنِيَّة
Syl Torbéh.................	سَيْل تَوْبَة

Téhámah.

Syl Tâyef.................	سَيْلَ طَائِف
Cháqah...................	شَاقَة
Douqah...................	دُوقَة
Loumah...................	لُومَة
Qanounah.................	قَنُونَة
Yabâh....................	يِبَاة
Haly *ou* Halâ...........	حَلِى
El-hachbâch..............	ٱلْحَشْحَاش
El-ghadyreyn.............	ٱلْعَدِيرَيْن

Yemen.

Marbah *ou* Marabah.	مَرَبَة

Tala' *ou* Talagh..................   ظَلَع

Mour.......................   مَوْر

Sanhân *ou* Sakhân.............   سَنْحَان

ARTICLE CINQUIÈME.

MONTAGNES.

El-A'qabat العقبات

Djebel karrâ.....................   جَبَل كُرّا

Adama........................   أَدَمَ

El-Salbéh.....................   الصَّلْبَهَ

El-hârdah.....................   أَلْحَارْدَة

El-Nahr.....................   النَّحَر

O'meydah.....................   عُمَيْدَة

Hafiyah.....................   حَفِيَهَ

Nissâb.....................   نِصَاب

Safâ.....................   صَفَا

Qarryn ....   قُرَّيْن

Thala'.....................   ظَلَع

Tenoumah ....   تَنُومَهَ

Saqyn *ou* Saqeyn............... سَاقِين

Medjâdah .... مِجَادَة

Bel-A'ryân...................... بَلْعُرْبَان

Dabous A'ghlès.................. دَبُوس أَعْلَس

Faragh......................... قرَةغ

Redjem........................ رَجْم

Abou Meskyn................... أَبُو مِسكِين

Fou........................... فُو

Mesqé......................... مَسْقَى

Balah......................... بَلَة

Hâfer el-Hemâr .... حَافِرالْحِمَارَ

Montagnes du Hedjâz.

Kharbet el-sous................ خَرْبَةالسُّوس

Bouâ......................... بُوَا

El-Salbéh..................... الصَّلَبَة

Bydah........................ بِـيَدَة

Hafneh....................... حَفْنَة

Eloqmâ........................	القُمَّا
A'ryân........................	عُرَيَان
Khâref........................	خَارِف
El-saqqâ......................	السَّقَا
Thamik........................	طَمَكّ
Sanhân *ou* Sakhâu............	سَنحَان
Hâssed........................	حَاسِدّ
Choreyf.......................	شُرَيَفّ
A'qabat sa'dah................	عَقَبتّ صَعَدَة

Montagnes du Téhâmah.

Kholays.......................	خُلَيَّص
Adoum.........................	أَدَوَّم
Dâd...........................	دَاذّ
Nour..........................	نُوَرّ
A'rafât.......................	عَرفَاتّ
Tour..........................	ثُوَرّ
El-Qala' *ou* Qalla'..........	القَلَعّ
Abou-qobays...................	أَبُو قبيَّسّ
A'qâf.........................	عَقَافّ

Qatyf........................	قطيف
Myzou........................	ميزو
Yalys........................	يليس
A'râchah.....................	عَراشَه
Hasâ........................	حَسا
Rabouh'.....................	رَبوة
Djaghnah....................	جَغنَه
Djarsah.....................	جرسه
Houmeydah..................	هميدة
Chyéh......................	شيبَه
Khât.......................	خَاط
El-Hylah...................	الحَيلَة
Mechyd.....................	مَشيد
Qaysy......................	قَيسى
Heylah.....................	حَيلَه
Qatâ.......................	قطا
Rouâm......................	رَوائم
Mékhrâ'-rym.................	مَخراع رَيم

Mour. . . . . مُور

Châqah. . . . . شَاقَه

'Qern el-Oua'l . . . . قَرْن اَلْوَعْل

ARTICLE SIXIÈME.

APPENDICE.

DIVERS LIEUX CONNEXES AVEC CE QUI PRÉCÈDE.

1º *Lieux où on trouve de l'eau.*

Bahrah (*ou* Baharah). . . . . بَحَرَه

Ouâdy Azymah. . . . . وَادى ازَيَمَه

Byr el-Beroud. . . . . بِير البَرُود

Dyah. . . . . دَيَه

Ouâdy Seyl *ou* Syl. . . . . وَادى سَيل

Byr-el-Bâchâ. . . . . بِير البَاشَا

Ghazâyl. غَزَايْل

Charhyah. . . . . شَرْحِيَه

Ouâdy Ouarkha. . . . . وَادى وَرَخ

El-A'qyq. . . . . اَلْعَقِيق

Ouâdy Zorâ.................... وادى ذَرَا

El-ma'ten .... اَلْمَعْطَن

Mandher *ou* Manzer............ مَنْظَر

Byr el-Beydâ.................. بِير البَيْدا

Bar âhâmer (*ou* Barâ hâmer)...... برا حَامِر

El-Sa'dyéh................... السَّعْدِيَة

El-Khadrâ................... اَلْخَضْرَا

2° *Lieux omis.*

Hadjlâ........................ حَجْلَا

Menâdher *ou* Menázer.......... سَنَاظِر

El-Qalla'................. اَلْقَلَّع

El-Kaf..................... الكَف

A'qabat el-dyk .... عَقَبَة الدِّيك

Abhór abou-Chinah............. اَبْحَر ابُو شَيْنَه

Tandahah.................. تَنْدَحَة

3° *Entre Médine et la Mecque.*

Bedr...................... بَدْر

Râbegh ....   رَابِغْ

El-Khoraybah.......................   الْخُرَيْبَه

Kholays............................   خُلَيّصْ

4° *Entre Suez et Médine.*

Nabt ....   نَبْطْ

El-Hourâ...........................   الْحَوْرَا

A'ntar............................   عَنْتَرْ

Mohr..............................   مُهْرْ

El-Ouadjéh.......................   الْوَجَّه

Byr el-Soltân ....   بِيرالسُّلْطَانْ

Moeylah *ou* Mouyléh............   مُويْلَح

Maghâyr Cho'eyb.............   مَغَايِرْ شُعَيّبْ

Qala't el-A'qabéh..............   قَلْعَةُ العَقَبَه

Bilä.............................   بِلِّى

Nakhléh........................   نَخْلَه

El-Megnreq....................   المَغْرَق

A'djroud.. ....   عَجْرُودٌ

5° *Lieux sur le chemin de l'Yemen.*

Mohallalah	مُحَلَّلَه
Djabân	جَبَان
Samad	صَمَد ou صَمَد
Qern el-Oua'l	قَرْن الوَعَّل
El-makramâ	المَكَرَمِى
Sa'dyéh	سَعَدِيَه
Sa'ydyéh	سَعِيدِيَه
Sabyâ	صَبْيَا

Observation. A la suite de cette liste, dans le manuscrit original, se trouve le *Tableau des événements qui se sont passés dans l'Hedjáz* (voyez plus loin, après la liste alphabétique générale).

Remarques.

Plusieurs observations découlent de l'examen de cette liste : il convient d'abord de faire remarquer que le Cheykh A'ous, de la suite d'Abou Noqtah, a fait une division tout à fait méthodique de son sujet. Il considère successivement les divisions formées par la population, ensuite les accidents du sol.

Dans la première partie, il distingue : 1º les *circonscriptions*, 2º les *tribus*, 3º les *lieux habités*; dans la seconde : 1º les *eaux*, 2º les *montagnes*; un Appendice est ajouté pour certains lieux situés sur les lignes de Suez à Médine, à la Mecque et à l'Yemen, et pour ceux où l'on trouve de l'eau.

L'étude attentive de cette liste donnerait aisément lieu à d'autres remarques utiles sous le rapport géographique, mais qui méneraient trop loin.

Je doute qu'il existe une ville du nom de *A'syr;* du moins elle ne figure pas dans la liste des villes et villages (article III). Ce nom figure seulement comme province, comme arrondissement, et aussi comme donnant son nom à un *Téhâmah.* Il suit de là que, ni A'syr, ni Houdoud A'syr de la carte allemande, ne correspondraient à une ville, mais se rapporteraient à un district. D'ailleurs le mot *Houdoud* ne signifie pas autre chose que *limite* [1].

[1] Remarque de M. Reinaud.

NOMENCLATURE

GÉOGRAPHIQUE,

DEUXIÈME LISTE,

ou

LISTE ALPHABÉTIQUE

GÉNÉRALE

DES LIEUX DE L'A'SYR,

DES PAYS ENVIRONNANTS ET DES TRIBUS LOCALES.

A

A'aqb *ou* Ghaqb.

A'bâdlah.

A'bdallah (Beny-).

A'byd-rahmân.

Abhor abou-Chinah.

ABOU-A'RYCH.

Abou-Kelb.

Abou-Meskyn.

N. B. J'ai formé cette seconde liste avec les noms de la carte arabe, et en compulsant les sources les plus authentiques; bien qu'elle renferme près de 5oo noms, elle ne comprend que les pays situés à une certaine distance, et elle fait présumer le nombre des lieux existants dans les autres contrées de l'Arabie. Plusieurs noms, à dessein, figurent deux fois dans cette liste, tels que ceux qui sont précédés des mots Ouâdy, Ebn, Beny et quelques autres. L'orthographe n'est pas également certaine pour tous les noms de la liste.

Abou-Qobays.
A'bydah *ou* O'beydah.
Achâkhah.
Adama.
Adéh.
A'djalyn (el-).
A'djroud.
Adoum.
A'ghlès (Dabous).
Ahl-Arhaouah.
Albornyah (Syl Teb-
  léh *et*).
A'lkam (Beny-).
A'lyah (el-).
Aly-Cheykh (pays d').
A'mârah (el-)
A'md (Beny-).
A'mqah.
Anfâl.

A'ntar.
A'ouâmer (el-).
A'ous (el-).
A'ous (torrent el-).
A'qabat el-Dyk.
A'qabat el-Horr.
A'qabat Redjem.
A'qabat el-Sa'dah.
A'qabéh (Qala't el-).
A'qâf.
A'QYQ (EL-).
A'qyq (vallée de).
A'râchah.
A'rafât.
A'ryân.
A'ryn (el-).
A'SYR.
A'ysa (Beny-).
Azymah (Ouâdy).

B

Bâchouat.
Bagher (torrent d'el-).
Bâhah (el-).
Bahrah *ou* Baharah.

Bahry (Syl el-).
Bahyrah *ou* Baheyréh.
Balah.
Baqar (Khabt el-).

Barâ hâmer *ou* Bar âhâ-
    mer.

Bâreq.

Barharah.

Barri (pays des).

Basl *ou* Basal.

Bechahm.

Bedr.

Beffa *ou* Heffa.

Belad-Bychéh.

Belakmar *ou* Belasmar.

Bela'ryân.

Beldjarchy.

Belhamr.

Belhân.

Belhâret.

Belkhazmar.

Belqarn *ou* Belqeran.

Belsamr.

Bender Djeladj.

Bender Dodja.

Beny-A'bd-Allah.

— A'lkam.

— A'ysa.

— Baheyréh.

— Bakr.

— Boheyr.

— Cha'bah (Ouâdy).

Beny-Châr.

— Chaĥr *ou* B. Chehr.

— Chefrâ *ou* Sofrâ.

— Djounah.

— Hâmer.

— Hâmer (torrent de).

— Kebyr.

— Khâled.

— Khâled (pays des).

— Maghyd.

— Malek

— O'mar.

— Qahtân.

— Qatbah.

— Saa'd.

— Saa'd (pays des).

— Toua'h.

— Tsa'labah.

— Tzabyân.

— Zâlmy.

— Zeyd.

— Zeyn.

— Zeydy.

Bessel.

Beychah *ou* Bychéh.

Bikyl.

Bilä.

Bitâ' albon *ou* al-boun.

Bouâ.
Bouaké.
Bouda (vallée de).
Bychéh (Ouâdy).
Bychéh (torrent de).
Bychéh-Soudah.

Bydah *ou* Beydah.
Byr-el-Bâchâ.
Byr el-Beroud.
Byr el-Beydâ.
Byr el-Soltân.

C

Cha'b abou-Louker.
Cha'b el-Kebyr.
Chadjy.
Cha'f Chahrân.
Chagher (Djebel el-).
Chahr (Beny-).
Chahrân (Ouâdy).
Chamrân *ou* Chomrân.
Chaouât (el-).
Châqah.

Charhyah.
Châr (Beny-).
Charqy (Syl el-).
Cha'tân.
Cheberqah.
Chefrâ *ou* Sofrâ (Beny-).
Che'ibyn.
Cho'qeyq.
Cho'reyf.
Chyéh.

D

Dabous-A'ghlès.
Dâd.
Dâr Beny-Seba.
Daryb.
Derb Beny-Cha'bah.
Djabân.
Djaghnah.

Djanfour (el-) *ou* Djan-
   fou.
Djarhah.
Djarsah.
Djâzân.
Djebel Djâr *ou* Djara.
Djebel-Karrâ.

5.

Djebel-Kharrah.
DJEDDAH
Djeladj (Bender).
Djerf.
Djeziret Kichrân
Djodeydah *ou* Djeday-
  déh.
Djofah.
Djounah (Beny-).
Djouaha.
Djoz.
Djys (Ouâdy)
Dodja (Bender).
Douqah *ou* Dogah.
Douqah (vallée de).
Douqah (torrent de)
Doughân (Ouâdy).
Dyah.
Dyah (vallée de).
Dyk A'qabat el-).

E

Ebn el-Motasser.
Ehhia (Râs el-).
Edjela.
Eloqmâ *ou* El-qommâ.
Eslam (Oualad).
Esseyrah ?

F

Faragh.
Fâtméh (Ouâdy).
Fâzyry *ou* el-Ghozeyry
  (Qaouz el-)
Ferzé.
Fou.

G

Gamma (pays de).
Gebba (pays de).
Ghadyreyn (el-)
Ghâmed.
Ghâmed (torrent de).
Ghaqb *ou* A'aqb.

Ghazaleh (Byr el).
Ghaddah *ou* Rhadda.
Ghazâyl.

Ghozeiry *ou* el-Fazyry
(Qaouz-el-).
Goufs.

H

Hâched.
Hachhâch (el).
Hachhâch (Ouâdy el).
Hâdâ.
Hadâdah (el-).
Hadjiah (torrent d'el-).
Hadjlâ.
Hâfer el-Hemâr.
Hafiyah.
Hafnéh.
Hak (vallée des)
Halfah.
HALY *ou* Halä.
Hamah (Ouâdy el-).
Hamama.
Hamdân.
Hâmer (Barâ).
Hâmer (Beny-).
Haqbah (tribu des)

Hârdah (el-).
Hasbé (pays d'el-Hasbéh
ou).
Hasâ.
Hassâ (el-).
Hâssed.
Haydjet-Zarâneyq.
Hayfah.
HEDJAZ.
Heffa *ou* Beffa.
Heylah.
Hill (fort).
Hommah (Khamys Ouâ-
dy el-).
Horr (A'qabat el-)
Horym *ou* Khoraym (Is-
neyn ebn-).
Hosseynyéh [1],
Houleyfah.

1 Champ de bataille en 1838.

Houmeydah.

Hourâ (el-).

Hylah (el-).

I

Isneyn Ebn Horym *ou* Khoraym.

K

Kaf (el-).

Kâleb (pays des Beny-).

Kanânah.

Karik el-Souq.

Karrâ (Djebel).

Karrah (Djebel).

Katseyr (el-).

Kayt el-Baqar?

Khabt el-Baqar.

Khachab (omm el-).

Khadat.

Khadrâ (el-).

Khadrâ (Ouâdy el-).

Khâled (Beny-).

Khamys Micheyt *ou* Macheyt.

Khamys Micheyt (tribu des).

Khamys Ouâdy el-Hommah.

Kharbet el-Sous.

Khâref.

Khasa'h.

Khât.

Kholays.

Khoraybah (el-)

Khoraym *ou* Horym (Isneyn ebn-).

KHOULAN.

Kichrân Sommar.

Koulakh.

Kourah (el-).

Kotoumbel (île).

L

Lob.

Loumah.

Lyah.
Lyah (Ouâdy).

Lyts *ou* Leyts.
Lyts (pays de).

M

Ma'den.
Madrak (el-).
Maflouch.
Maghyd (Beny-).
Maghâyr Cho'eyb.
Maghmourân.
Mahâyel *ou* Mohâyl (Ouâdy).
Makramä (el-).
Mâlek (tribu des Beny-).
Ma'malah (el-).
Mandher *ou* Manzer.
Marbah *ou* Marabah.
Marouah.
Masqarah.
Mastourah *ou* Mâsnou-rah.
Ma'ten (el).
Mechnyah.
Mechyd.
MECQUE (LA):
Medjâdah.
Medallaléh *ou* Mesallèh.

MEDYNÉH.
Mefsil (qern el-)
Meghreq (el-).
Mehdyéh.
Mekhra'.
Mekhrâ' Rym.
Melah (Nahr).
Melah Kebyreh (Nahr).
Melhe.
Mellak.
Menâ.
MENADHER *ou* Menâzer.
Mensyreh.
Meroudj.
Mesalléh (vallée de)
Mesnyah.
Mesqé.
Mestan.
Meylah *ou* Mylah (Ouâdy el-).
Micheyt (Khamys).
Midzyâlah.
Mirqân.

Moeylah *ou* Mouyléh.
Mohallalah.
Mohâyl *ou* Mahâyel (Ouâdy).
Mohr.
Motasser (Ebn el-).

Moua'qas.
Mour.
Mour (Ouâdy).
Mozdalifah.
Myzou.

N

Nabt.
Nahr (el-).
Nahr Melah.
Nahr Melah Kebyréh.
Nakhléh.
Namâs.

Nemerân.
Nanoumah.
Nasserâh.
Nedjerân.
Nissâb.
Nour.

O

O'beydah *ou* A'bydah.
O'beylé (el-).
O'mar (Beny-).
O'meydah.
Omm el-Khachab.
Oqmâ (el-)
Ouâd a'h.
Ouadjéh (el-).
Ouâdy Azymah.
— Bychéh *ou* Beychéh.
— Beny-Cha'bah.

Ouâdy CHAHRAN.
— CHAMRAN *ou* Chamrân.
— Djys.
— Doughân.
— Fâtméh.
— el-Hachhâch.
— el-Hamat
— el-hommah (Khamys).
— el-Khadrâ.

Ouâdy Lyah.
— el Meylah *ou* Mylah.
— Mahâyel *ou* Mohâyl.
— Mour.
— Ouanan.
— Ouarkha.
— Qanounah.
— Seyl *ou* Syl.
— SOUBEY'.

Ouâdy Torbah.
— el-Zahrah.
— Zorâ.
Oua'l (Qern el-).
Oualad Eslam.
Oum el-Hamat.
Ou'teybah.
Ou'teydjah.

Q

Qahtân.
Qahtân (Beny-).
Qala't el-Aqabéh.
Qalla' *ou* Qala' (el-).
Qaua *ou* Qéné.
Qanounah (Ouâdy)
Qaouz el - Fâzyry *ou* Qaouz el-Ghozeyry.
Qarreyn.
Qatbah.
Qatbah (Beny-).
Qatâ.
Qatyf (el-).
Qaysy.

Qazânah.
Qern el-Mefil *ou* el-Mefsil.
Qern el-Oua'l *ou* Qaru el-Oua'l.
Qobays (Abou).
QONFODAH *ou* el-Qonfoudah.
Qorâ beny-O'mar.
Qorâ (Djebel).
Qorâ (vallée de).
Qoreych (tribus)
Qour.
Qourah.

R

Rabab (pays de).
Râbegh.
Rabouh.
Rabya'h.
Rabya't el-Yemen.
Raghdân.
RANYÉH.
Ranyéh (torrent de)
Râs el-Ehhia.
Râs el-Esoued.
Raych (el-).
Redjâl el ma'.

Redjem.
Redjem (A'qabat).
Reydàh *ou* Rydah.
Rhadda *ou* Ghadda.
Rym (Mekhrâ').
Rym (torrent de).
Rofeydah *ou* Roufey-
    dah.
Rouâm.
Roueydah (el-) *ou* el-
    Roueytah.

S

Sa'ad (Beny-).
Sabyâ.
Sa'dah (A'qabat,.
Sadryah.
Sa'dyéh (el-).
Safâ.
Saghr (Beny-).
Sahrân (Cha'f).
Sakhân.
Salbéh (el-), (colline).
Salbéh (el-),(montagne).

Samad.
Samâlah.
Sanhân *ou* Sakhân.
Saqâ.
Saqqâ (el-).
Saqyn *ou* Saqeyn.
Sa'ydyéh.
Sedouân.
Sega (montagne de).
Serrâyn (*Edricy*).
Sofrâ.

Sofrâ (Beny-).
Solimân (el-).
Soltân (Byr el-)
Soudah.
Soudah (Bychéh).
Souq (el-)
Sous (Kharbet el-)

Syl *ou* Seyl A'qyq.
Syl el-Bahry.
Syl el-Charqy.
Syl (Ouâdy).
Syl Tâyef.
Syl Tébléh *et* Albornyah.
Syl Torbéh.

T

Tabab.
Tabâlah (torrent de).
TABALAH.
Tabâlah (Ouâdy).
Tandahah.
ṬARABEH *ou* ṬARABAH.
TAYEF.
Tebléh *et* Albornyah (Syl).
Tedjera *ou* Djera.
Tehmana? de l'A'syr.
Tenia *ou* Toknia.
TENOUMAH.
Terah (vallée de).
Thala'.
Thamik *ou* Tzamik.
Thaqyf *ou* Tsaqyf.
Thery (torrent de).

Tikma (vallée de).
Toknia (Belad), *ou* pays de Toknia.
Tarabah (torrent de).
Torbah *ou* Tarabah.
Torbah *ou* Torbéh (Ouâdy).
Torbéh (Syl).
Toua'h (Beny-).
Tour.
Tourak *ou* Terah.
Tsa'labah *ou* Talabah (Beny-).
Tsanyéh (el-),
Tseguy (tribu des).
Tsihân.
Tzabyân.

U

Usrak *ou* Ouarkha (vallée), *voir* (Ouâdy Ouarkha).

Y

Yabâh.   Yâm.
Yalys.

Z

Zahrah (Ouâdy el-).   Zeyd (Beny-).
Zahrâu.   Zeydy (Beny-).
Zâlmy (Beny-).   Zeyn (Beny-).
Zaouy Hosseyn.   Zobeydah.
Zaouy Mohammed.   Zorâ (Ouâdy).
Zarâneyq.   Zouânah.
Zarâneyq (Haydjet).   Zyâlah.
Zeima.

FIN DE LA NOMENCLATURE.

SUPPLÉMENT AUX LISTES PRÉCÉDENTES.

Noms des villages du district de Bychéh
(ou Bychah) [1].

RIVE DU LEVANT.	RIVE DU COUCHANT.
Némeran.	
Rochân-Kébyr.	
Rochân-Soghayr.	Delmi.
Thékika.	Dabel.
Thékika-Goussoun.	Eddchou.
Négouïa.	Gref.
Ergouéta.	Héréra.
Ergoueffa.	Hamma.
Sabia.	
Engala.	

Ces villages sont disséminés sur les rives de *Syl Ouâdy Bychah;* ils s'étendent sur un espace de douze lieues.

Némeran est le premier village vers le sud; Engala, le dernier vers le nord; il en est de même de Belmi et de Hamma.

---

1 J'ai du à l'obligeance de M. Tamisier cette petite liste de noms de lieux, mais trop tard pour les porter sur la carte de l'A'syr.

Thekika se trouve à moitié chemin de Néme-
rân et d'Engala. Gref est également éloigné de
Delmi et de Hamma.

Le torrent de Béa descend des montagnes de
l'ouest et passe à Ménader; il se prolonge vers
Djouaha et passe au nord de Khamys-Micheyt.
Plus loin il prend le nom de Bel-A'syr et se jette
dans Ouâd-Chahrân; les villages de Ménâder
sont situés sur les bords du torrent de Béa (rive
du sud).

———

TABLEAU DES ÉVÉNEMENTS *qui se sont passés
naguère dans l'Hedjâz.*

Ce qui suit est tiré d'un écrit du Cheyk A'ous,
de la suite d'Abou Noqtah [1].

A'bd Al-A'zyz se rendit maître du Nedjd, et y
établit la prière, le jeûne, l'aumône légale et le
pèlerinage. Il avait auprès de lui un fils nommé
So'oud, qui commandait les détachements en-
voyés au loin; sous ses ordres étaient le commandant du pays de A'syr, Mohammed Abou-
Noqtah, et le commandant de Beyçhah, Salem
fils de Chokbân. Leur autorité s'établit d'abord
dans l'Hedjâz; ce fut de là qu'elle s'étendit dans

———

[1] Fragment traduit de l'arabe. Je dois cette traduction
à l'obligeance de M. Reinaud (voy. plus haut.)

le pays d'A'syr; des guerres ne cessèrent pas
d'avoir lieu dans cette contrée, jusqu'à ce que
Abou-Noqtah en devint le maître. Ensuite Abou-
Noqtah dirigea une expédition contre les Beny
Chehr, qui se soumirent et qui furent placés
sous l'autorité d'un individu nommé Ebn-Deh-
man. De son côté, le fils de Chokbân s'empara
de Belqarn et de Chomrân, qui furent mis sous
l'administration d'un individu appelé Chalân; il
se rendit également maître des pays de Ghâmed
et de Zahrân. Ghâmed reçut pour chef un homme
appelé Anbar, et Zahrân, un homme appelé
Bakhrouch.

Alors les troupes se dirigèrent vers la ville de
Tâyef. Le Cheryf de la Mecque à cette époque
se nommait Ghaleb, fils de Mossaed. Les hostilités commencèrent et ne cessèrent qu'au moment où Tâyef reconnut les lois de So'oud.
Celui qui fut chargé du commandement de
Tâyef se nommait Osmân, fils de A'bd-al-rahmân.
Ensuite les troupes se portèrent contre la Mecque, et les hostilités ne cessèrent que lorsque
Cheryf eut demandé à traiter, et qu'il se fût soumis à So'oud. Puis les troupes se tournèrent du
côté de Médine, qui ouvrit à son tour ses portes; il en fut de même de Djeddah.

On remarquait dans l'Yémen, dans la ville
d'Abou-A'rych, un Cheryf appelé Hamoud Abou-

Mesmar. Cet homme était maître d'une partie de l'Yémen, et ne dépendait pas de So'oud. Abou-Noqtah ayant été reçu dans le sein de la miséricorde divine, eut pour successeur son frère A'bd al-wahhab. A'bd al-wahhab se porta dans le pays d'A'syr, contre la ville d'Abou-A'rych; et il s'éleva une guerre terrible; ce fut au point que les chevaux nageaient dans le sang. Hamoud fut mis en fuite, la ville se rendit. Après un séjour de trois mois dans le pays d'A'-syr, A'bd al-wahhab envoya une expédition dans l'Yémen; cette expédition se composait d'environ dix mille hommes. A'bd al-wahhab était un homme très-brave; il s'arrêta à Meyla et y dressa son camp [1]. En ce lieu se trouvait Hamoud avec quatre cents cavaliers et trois mille fantassins [2]. L'intention de Hamoud était d'attaquer A'bd al-wahhab dans Meyla même, au moment où celui-ci s'y attendrait le moins. Tout à coup, à l'heure de la prière de midi, Hamoud se précipite sur les troupes d'A'bd al-wahhab et pénètre avec sa cavalerie au milieu du camp, jusqu'à la tente d'A'bd allah, frère d'A'bd al-wahhab; après environ trois heures de combat, A'bd al-wahhab et son frère A'bd allah furent

1 عوضى.
2 قراب عسكر.

tués, avec environ quarante des principaux cheykhs de l'A'syr.

Quelque temps après, Hamoud fut défait à son tour. A'bd-Al-Wahhab avait été remplacé par Thâmy fils de Cho'eyb. Thâmy rentra dans l'A'syr et se mit en rapport avec So'oud, qui se trouvait à Derre'yéh. So'oud lui envoya un habit d'honneur avec le titre de commandant de l'A'syr [1]. Quelques jours après, Thâmy fit partir une expédition contre Hamoud; celui-ci fut tué et le pays se soumit. Thâmy se rendit en personne dans l'A'syr et y séjourna deux mois.

L'autorité de So'oud s'était établie sur un grand nombre de contrées; on peut citer le pays d'El-Haça, Bassorah, Râs-el-Kheyméh, Bahreyn, O'neyzeh, Alrassa, Boureydéh, El-Ryâd, la montagne de Chommar (ou Choumer) et A'neyzeh. Son autorité s'étendait jusque dans le Hauran, entre la Mecque et Damas, ainsi que dans le Nedjd et l'Yémen, jusqu'à Sana'â. Au bout de quelque temps, il ne tarda pas à soumettre sous ses lois l'Yémen, A'syr, Bychah, O'beydah, Sanhân, Ouâda'h (ou A'dya'h), Cheryf, Yâm, les Beny-Chehr (ou Beny-Chahr), les Beny-O'mar, Belqerân, Chomrân, Ghâmed, Zahrân, les Beny-Mâlek, Nasserah; les Beny-Sa'd, Tsaqyf,

____

[1] القطة على عسير.

Hodheyl , Harb, et Djoheynat (ou Djeheynéh), jusqu'au territoire de Moeylah (ou Mouyléh).

So'oud avait douze fils. Déjà, lorsqu'il eut soumis ces vastes contrées, ses cheveux avaient blanchi. Il confia l'autorité à celui de ses fils qui se nommait A'bd-Allah, et les chefs des tribus promirent également d'obéir à son fils.

Mais bientôt eut lieu l'invasion des troupes du pacha d'Égypte, Mohammed-Aly. Ces troupes étaient commandées par Toussoun, fils de Mohammed - Aly. A'bd - Allah se hâta d'envoyer à toutes les tribus l'ordre de prendre les armes; bientôt il se mit en marche avec environ trente mille hommes, et s'avança du côté de Safra et de Djedeydah. Dans le combat qui eut lieu, A'bd-Allah remporta la victoire. A'bd-Allah permit à ses guerriers de retourner chacun au sein de sa tribu. De son côté, Toussoun instruisit son père de l'état des choses; sur ces entrefaites mourut So'oud.

Mohammed-Aly fit partir de nouvelles troupes d'Égypte, qui débarquèrent sur les côtes de l'Hedjâz. Lui-même se mit en route et se rendit à la Mecque; le Cheryf Ghaleb fut arrêté et envoyé en Égypte. Ensuite Mohammed-Aly se porta à Tâyef et s'empara de la personne d'Osman, fils d'A'bd-Al-rahmân, qui fut aussi envoyé en Égypte. Cependant un des fils de So'oud, appelé

Faysal, s'avançait avec environ quarante mille Arabes; il était accompagné de Thâmy Fahâd [1] fils de Chokbân, et il avait pris position à Koulakh. L'action eut lieu un jeudi et dura tout le jour, jusqu'au coucher du soleil. Le lendemain les Égyptiens chargèrent avec leur artillerie; au bout de deux heures, les troupes de Faysal furent mises en déroute. Mohammed-Aly se mit à la poursuite des fuyards et pénétra dans l'A'syr; il s'assura de la personne de Thâmy du pays de Thabab, de Cha'lân du pays de Tabalah, et de Bakhrouch du pays de Zahrân. Ensuite Mohammed-Aly se porta contre Mohâyl qu'il livra aux flammes; de là il se rendit à Qonfoudah; puis il retourna à la Mecque, où il séjourna jusqu'à l'époque du pèlerinage. Enfin il retourna en Égypte.

Quelque temps après, son autre fils Ibrahim-Pacha se mit en marche pour attaquer Derre'yéh. A'bd-Allah, fils de So'oud, se trouvait dans cette ville; le siége dura quatre ans. Enfin la ville fut prise; A'bd-Allah fut fait prisonnier, et toute la famille de So'oud fut envoyée en Égypte [2].

1 ‮طامى فهاد ابن شكبان‬.

2 Quoique ce résumé diffère peu de la relation qu'a donnée Burckhardt pour ce qui précède l'expédition d'Ibrahim, j'ai

CHAPITRE DEUXIÈME.

DE L'ARABIE EN GÉNÉRAL.

On trouvera peut-être que la Carte générale d'Arabie jointe à cet ouvrage est à une échelle un peu trop petite[1] pour y suivre tous les mouvements des troupes égyptiennes ; je dois regretter qu'une circonstance particulière m'ait obligé de la réduire excessivement, puisque le travail n'en a été que plus difficile et plus minutieux ; les sources nombreuses que j'ai dû consulter pour la rendre le plus exacte possible, et la mettre au niveau des découvertes récentes, m'auraient permis de lui donner une échelle beaucoup plus grande, et de l'enrichir de plus nombreux développements. Cependant, la netteté de la carte permettra, je l'espère, d'en lire tous les détails.

cru devoir le publier à cause de son authenticité, comme ayant été écrit sur les lieux, enfin comme l'ouvrage d'un homme du pays, témoin oculaire des événements.

[1] L'échelle est le douzième de celle de la carte de l'A'syr, c'est-à-dire de 1 : 16,000,000 ; elle est le quart de celle du *Nedjd* ou *Arabie centrale*, etc.

avec facilité; c'est un avantage que je dois au talent et à la patience intelligente avec lesquels M. Jacobs, habile graveur en géographie, a fait sous ma direction le dessin de cette carte, comme celui de la carte spéciale de l'A'syr. Quoi qu'il en soit, je dois faire connaître ici les principales sources où j'ai puisé les éléments de ce second travail.

§ I. MATÉRIAUX EMPLOYÉS DANS LA CONSTRUCTION DE LA CARTE.

Les côtes des différentes mers m'ont été fournies, pour le golfe Arabique, par la nouvelle carte anglaise en quatre feuilles [1]; pour la côte d'Oman, Mahrah, Hadramaut, par la carte et les opérations du lieutenant Wellsted de la marine britannique [2], et pour la côte d'Afrique après la mer Rouge, par la circumnavigation d'Owen. Socotora [3], le pays d'Oman, ont été empruntés au même Wellsted. Plusieurs routes observées par ce dernier et d'autres voyageurs, ou explorées plus récemment encore par M. J. C. Cruttenden [4],

[1] Voyez *Chart of the red sea above Jiddah from*, etc., par R. Moresby.

[2] Dans son voyage à la côte d'Oman, in-8°, 1838, 2 vol.; et *Journal de la Société royale géographique de Londres*, tom. VII, pag. 102.

[3] Voyez le même *Journal*, tom. V, pag. 129.

[4] Voyage de Mokha à Sanâ' par la route du Nord, *ibid.*, tom. VIII, pag. 267.

ont été ajoutées d'après leurs relations. En général, j'ai mis à profit tous les travaux les plus récents donnés sur l'Arabie par la Société géographique de Londres. Pour l'Yémen, j'ai dû consulter Niebuhr, qui est encore l'auteur le plus complet pour l'Arabie méridionale. Le Nedjd est tel, en grande partie, que je l'avais donné précédemment dans une carte spéciale [1] ; les différences ont été mentionnées plus haut (voy. pag. 12). L'Arabie pétrée est tirée principalement de la carte de M. Léon de Laborde, avec le changement nécessité par le tracé de Ouâdy El-Ghor. Quelques parties de ce qu'on appelle ordinairement l'*Arabie déserte* proviennent de la carte de Berghaus déjà citée. Le voyage de Burckhardt ne m'offrait rien à emprunter, si ce n'est, peut-être, l'itinéraire de la Mecque à Sanâ', qui a été fourni au savant voyageur, mais qui laisse beaucoup à désirer, du moins si on le compare à la description de l'Édricy. Vers le centre du Nedjd, j'ai emprunté à la carte allemande le nom de Roba' El-Khaly.

L'A'syr et les parties avoisinantes sont une réduction de la carte spéciale.

[1] Voy. *Carte comprenant le pays du Nedjd ou Arabie centrale*, etc.

Pour ce qui regarde les autres régions exprimées dans la carte, voici les sources principales :

Le *golfe Persique* a été puisé dans la nouvelle carte anglaise déjà réduite dans celle de Berghaus; le cours inférieur de *l'Euphrate*, dans une petite carte toute récente donnée par M. W. Ainsworth, compagnon de voyage du colonel Chesney[1]. La *Perse* est tirée de la carte anglaise en trois feuilles; *l'Égypte*, la *Nubie* et *l'Abyssinie*, des cartes publiées respectivement par moi, par M. Cailliaud, par MM. Combes et Tamisier, et des autres travaux récents sur ces différentes contrées.

§ II. DIVISION DE L'ARABIE; ÉTAT DES CONNAISSANCES GÉOGRAPHIQUES.

Il ne sera pas inutile de dire ici quelque chose de la division générale de l'Arabie. Depuis assez longtemps les géographes ont abandonné la division donnée par Ptolémée et ses successeurs, en *Arabie heureuse*, *Arabie déserte* et *Arabie pétrée* : cette division est inconnue et étrangère aux géographes arabes. La nature semble avoir dessiné elle-même les limites de la péninsule en lui donnant la forme d'un immense

---

1 *Journal de la Société royale géographique de Londres,* tom. VII.

trapèze, borné vers le 3o⁰ parallèle nord, lequel est à la fois celui du fond du golfe Arabique et celui du fond du golfe Persique. C'est à cette même presqu'île que Ptolémée donnait le nom d'*Arabie heureuse*, εὐδαίμων Ἀραβία, comprenant dans cette vaste étendue une multitude de parties désertes, ou incultes, ou de faible produit. Les modernes ont limité à l'Yemen (qui n'est pas cependant la seule partie riche de la presqu'île) le surnom pompeux d'*Arabie heureuse*; cette appellation semble justifiée par le nom d'A'den que porte l'extrémité sud de l'Yemen [1]. Ce n'est pas à dire toutefois que toutes les autres parties de l'Arabie soient stériles et improductives. Le pays d'Oman, l'Hadramaut, l'A'syr, le midi et le sud-est de l'Arabie abondent ou ont abondé en riches productions, recherchées par le commerce : mais la plus grande partie des cent cinquante mille lieues carrées que la presqu'île renferme, n'a aucun droit à l'épithète d'εὐδαίμων, même par comparaison avec de purs déserts.

---

[1] On sait que ce dernier nom signifie la *droite*, le pays de droite; il est en effet à la droite en regardant l'orient.

On croit que le mot *Eden* a la même origine que le nom d'*A'den* (voy. d'Herbelot) : Golien traduit عَدْن par *firma et perpetua mansio*.

D'Anville, au contraire (on ignore sur quel fondement), a donné le nom d'*Arabie déserte* à une grande partie de cette même péninsule, qualifiée d'*heureuse* par Ptolémée, savoir : au pays de Mahrah et à tout le pays compris entre Oman et la Mecque ; et même il y comprend el-Oman, el-Haça et El-Qatyf. Tout au plus pourrait-on inscrire, sur les cartes, les mots *partie déserte* là où les auteurs arabes placent le pays appelé *Ahqâf*, mot qui a le sens de collines sablonneuses, *tumuli arenosi*. Encore serait-il plus sûr d'écrire : *partie inconnue ;* car plus les découvertes s'étendent, et plus on trouve de lieux habités, de terres cultivées, d'hommes livrés au commerce ou à la culture. Tout récemment encore, un nouveau voyageur anglais a visité une partie de l'Hadramaut encore presque inconnue, et il y a observé beaucoup de villes, une population nombreuse, des tribus puissantes, du commerce, enfin des ruines de monuments avec des inscriptions[1].

Force est donc de renoncer à la division systématique admise par Ptolémée et de s'en tenir à la nomenclature que nous tenons des Arabes mêmes. C'est l'état d'indépendance des différentes régions, tribus ou contrées, qui doit

_____

1 *Journal de la Société royale géographique de Londres,* tom. IX, pag. 125.

servir de base à la division de la presqu'île ; or, le nombre des petits États indépendants, comme celui des tribus indépendantes, est considérable : cela a existé de temps immémorial, et il ne peut guère en être autrement dans une si grande étendue, avec des conditions de sol et de climat très-différentes. Ainsi, nous voyons que, dès le temps d'Ératosthène [1], quatre peuples distincts, les plus grands et les plus riches de tous, existaient dans le sud de l'Arabie, au seul pays des aromates, dans un espace qui n'est guère que la huitième partie de celui de la péninsule : les Minæens, les Sabæens, les Cattabanes, les Chatramotites. Cet exemple suffit ici et me dispense d'en citer d'autres [2].

Quant au détail des différentes régions, j'ai traité au long de l'Arabie centrale et d'une partie de l'Hedjâz dans un écrit sur le Nedjd déjà cité, et je ne crois pas devoir y revenir. Relativement à l'A'syr et au nord de

---

1 *In Strab.*, *lib. XVII*, pag. 768.

2 On ne s'explique pas bien comment Strabon, après avoir cité Ératosthène, avance que *toute l'Arabie heureuse* est divisée en *cinq royaumes*, quand il en place *quatre* dans le seul pays des aromates ; il est vrai que trois de ces divisions se rapportent plutôt à des classes de la population arabe qu'à des territoires ou à des localités de l'Arabie. Voyez plus loin, § v.

l'Yémen, je renvoie au chapitre précédent. Pour les autres contrées, je ne peux mieux faire que de recommander au lecteur les relations récentes des voyageurs anglais sur plusieurs parties de l'Oman, du golfe Persique, de l'Hadramaut et de l'Arabie méridionale [1]; enfin, pour l'Arabie pétrée, je dois renvoyer à l'intéressant travail de M. Léon de Laborde.

La nomenclature arabe dont j'ai donné la traduction dans le § 1er de ce chapitre, fournit encore quelques remarques sur le sujet de la division de l'Arabie occidentale. Le cheykh arabe qui l'a écrite met sur la même ligne l'Hedjâz, l'A'syr et l'Yémen; à chacune de ces contrées, il affecte une localité appelée *Tehâmah*: ainsi, il énumère les lieux situés dans le Tehâmah de l'Hedjâz, dans le Tehâmah de l'A'syr et dans le Tehâmah de l'Yémen. Le Tehâmah de l'A'syr est cité deux fois à l'occasion des provinces et à l'occasion des tribus. Trois autres Tehâmah figurent encore dans la liste des tribus et dans celle des villes : celui de Beny-Chahr, celui de El-Hasbéh et celui de la Mecque. On voit clairement, par tous ces exemples, que le mot est ici générique; or, le sens, ainsi que je l'ai dit, est celui de pays plat

---

[1] Voir *Journal de la Société royale géographique de Londres*, tom. VI, VII, VIII et IX.

ou plateau, plus rapproché de la mer que le reste de la contrée. Mais, outre cette acception, le mot *Tehâmah* se rapporte encore à une province particulière ; l'Edricy en donne l'étendue (voyez ci-dessus, pag. 274) ; il la prolonge même très-loin dans le nord. Il résulte de cette circonstance un peu de confusion dans les cartes d'Arabie ; la plupart des géographes n'ont pas fait la distinction qui était nécessaire. Quand on voit le mot *Tehâmah* employé seul, il doit être rapporté à la province ou au territoire de ce nom. Il y en a deux exemples dans la nomenclature ci-dessus : le premier est à l'article des *torrents ;* le cheykh A'ous énumère les *torrents du Tehâmah* ou qui s'écoulent à travers le Tchâmah (province), au nombre de neuf. Ce fait prouve que l'Édricy ne s'est pas trompé en poussant le Tehâmah jusqu'à la hauteur de la Mecque. Il faut avouer toutefois que le torrent de Tâyef, *syl Tâyef*, attribué au *Tehâmah*, suppose à cette province une situation méditerranée en opposition avec la définition du mot.

Le second exemple est à l'article des *montagnes ;* on y trouve la liste des montagnes du Tehâmah ; elles sont au nombre de trente. Celle d'A'rafât prouve encore, comme la liste des rivières, que le Tehâmah s'étend jusqu'à la Mecque. Il n'est malheureusement pas possible d'assigner

sur la carte la place de ces montagnes. Les lieux
de Qatyf et d'El-Haça n'ont rien de commun que
le nom avec ceux que l'on connaît dans l'est de
la péninsule ; et quant à celui de A'qaf, il diffère
d'orthographe , comme d'emplacement , avec
celui de Ahqâf, localité centrale de l'Arabie ,
comme on l'a vu plus haut.

D'après tout ce qui précède , je me bornerai
donc à partager l'Arabie proprement dite (c'est-
à-dire la péninsule comprise entre la mer des
Indes, les deux golfes et une ligne tirée du Ras
Môhammed aux bouches de l'Euphrate) en huit
grandes divisions (sous-divisées elles-mêmes en
un grand nombre de provinces et de parties différentes, qu'il serait trop long d'énumérer);
savoir : (en procédant de l'est à l'ouest) *Mahrah, El-Oman, El-Haça* ou *Bahreyn*[1], *El-Ahqâf,
El-Hadramaut, El-Nedjd, El-Yemen* et *El-Hedjâz.*
Je m'appuie principalement, pour cette division ,
sur l'Édricy, le plus complet, sur ce pays, de
tous les auteurs arabes [2].

Restent en dehors, l'*Arabie pétrée* et ce qu'on
appelle spécialement l'*Arabie déserte,* c'est-à-dire

[1] Cette partie de l'Arabie s'appelle aussi El-Hadjar ou
Hedjer.

[2] Quant à la province de *Yemâmah* ou de *A'roud* عروض,
elle est comprise ici dans le Nedjd ; l'*A'syr* est compris
dans l'Yémen.

les déserts compris entre l'Euphrate, la Syrie, l'Arabie pétrée et la presqu'île même.

Or, il est aisé de voir que près de la moitié de cette vaste étendue est demeurée jusqu'à présent inconnue aux Européens, et cette moitié équivaut à peu près, en superficie, au double de la France. Quel champ immense à parcourir pour les explorateurs! Heureusement, ce qu'il était impossible d'espérer il y a un demi-siècle, et moins encore, est devenu praticable et presque facile de nos jours par deux causes qui vont toujours croissant : l'une, l'extension des connaissances dans les langues orientales; l'autre, celle des rapports entre les Orientaux et les Européens. Le progrès de la civilisation en Égypte y aura concouru aussi pour une grande part, et même l'occupation de quatre ou cinq parties de l'Arabie par les armées égyptiennes, armées conduites par la moderne stratégie, et qui ont compté dans les rangs bon nombre de Français, les uns instruits dans les arts de la guerre, les autres livrés aux sciences médicales [1]. Aujourd'hui que les Arabes sont plus accoutumés à vivre et à commercer avec les chrétiens, il sera moins difficile au Vice-roi d'Égypte de faire

---

[1] Qu'il suffise de nommer ici l'officier d'état-major Jules Planat, M. Vaissière, M. le docteur Chedufault de la première expédition, M. le docteur Lachèze de celle de 1836, etc.

explorer tout le pays inconnu qui est situé entre le Nedjd, l'Yémen, l'Hadramaut et l'Oman, et même l'Arabie tout entière, qu'il ne l'a été, au temps de Niebuhr, de parcourir l'Yémen entre Sanâ' et la mer Rouge.

On sait que le nom d'*île* est donné à la péninsule par les auteurs arabes (*Djezyret El-A'rab*), exemple qui explique bien l'appellation semblable donnée au pays de Méroé dans l'antiquité; ici, l'isthme est bien autrement étendu que la presqu'île de Méroé à prendre entre l'Astaboras et l'Astapus (au sortir du lac Coloë). Il me paraît donc évident que les Arabes ont considéré les déserts de sable situés au delà du 30e parallèle comme une sorte de mer, achevant d'isoler au nord le trapèze arabique [1].

§ III. SUR QUELQUES POINTS DE LA GÉOGRAPHIE ET DE L'HISTOIRE D'ARABIE.

Un des points les plus intéressants de l'histoire de l'Arabie antérieurement à l'islamisme, c'est ce qui regarde la rupture des digues de Mâreb, l'ancienne *Mariaba*. Quoiqu'un certain nombre d'auteurs arabes aient parlé de cet événement,

---

1 M. Rommel a fait remarquer dans son savant Commentaire sur l'*Arabie* d'Aboulfeda, que les Arabes donnaient au mot Djezyrch le double sens d'île et de presqu'île.

il s'en faut que l'on en connaisse bien les circonstances, les causes et les effets, et même la date
certaine. Entre l'opinion de Reiske et celle de
M. Silvestre de Sacy, la différence d'époque ne va
pas à moins de 130 à 140 ans. M. F. Fresnel apporte
encore une opinion nouvelle. Aucun Européen
n'a décrit *de visu* le pays de Mâreb et le lieu où
étaient ces ouvrages remarquables, de manière à
faire connaître la topographie du sol, et à expliquer la situation de l'immense bassin que l'industrie arabe paraît avoir entretenu là, de temps
immémorial. Ce ne pouvait être que dans la vue
de l'irrigation, et d'une irrigation importante, que
les digues étaient conservées avec tant de soin.
L'induction naturelle est que la situation du lieu
était très-élevée, et qu'elle dominait un pays étendu, condamné peut-être, sans ce bassin, à la stéri-
lité. La position, sur ce point, d'une capitale comme
était *Mariaba*, s'explique donc parfaitement bien.
Malheureusement les auteurs arabes, à l'imitation des écrivains grecs et romains, ont donné
peu d'attention aux descriptions topographiques;
les formes, le relief et la constitution du sol ne
commenceront à nous être connus qu'à l'époque
où des voyageurs instruits auront pénétré dans le
cœur de l'Arabie. Quoi qu'il en soit, je rapporte-
rai succinctement ce que l'on sait des digues
de Mâreb. Selon l'Édricy, Mâreb est à trois jour-

nées de Dhofâr. « Mâreb, dit-il, qui n'est aujour-
« d'hui qu'un bourg, était autrefois une ville
« très-célèbre parmi les Arabes. On y voit les
« ruines de deux châteaux. C'est à Mâreb que
« fut élevée cette digue si fameuse par l'utilité
« dont elle était pour l'irrigation de la contrée,
« et parce que sa destruction soudaine fut un
« mémorable exemple de la justice divine, irritée
« par l'impiété des anciens habitants [1]. »

En 1773, Niebuhr, non pas comme témoin
oculaire, mais d'après de bons renseignements,
s'expliquait en ces termes : « Mâreb est encore
« actuellement la principale ville du Djôf; on
« prétend y avoir trouvé quelques ruines d'un
« palais de la reine Balkis [2]...... J'ai beaucoup
« entendu parler en Arabie du grand réservoir
« des Sabéens, que les Arabes nomment Sitte
« Mâreb [3]...... Il (un homme de Mâreb très-
« considéré) me décrivait le réservoir ancien,
« comme une vallée entre deux chaînes de mon-
« tagnes qui avaient presque une journée en
« longueur. Dans cette vallée se réunissent six

---

1 *Géographie de l'Édrici* (2ᵉ clim. , 6ᵉ section), trad.
de M. Jaubert, pag. 149.

2 La reine qui rendit visite à Salomon , selon les écrivains arabes.

3 Pour Seïd Mâreb?

7

« ou sept petites rivières qui coulent de l'ouest
« et du sud, et qui viennent en partie du do-
« maine de l'imam : quelques-unes sont poisson-
« neuses et ont de l'eau toute l'année. Les deux
« chaînes de montagnes s'approchent de si près
« l'une de l'autre à l'est, que l'on peut en passer
« l'intervalle dans cinq à six minutes. On disait
« que cette ouverture avait été fermée par une
« épaisse muraille, pour retenir l'eau superflue
« pendant et après les pluies, et, selon l'opinion
« de cet Arabe, pour la distribuer dans les
« champs et les jardins qui sont plus à l'est et
« au nord, par trois portes pratiquées l'une sur
« l'autre. La muraille avait quarante à cinquante
« pieds de hauteur ; elle était bâtie de fort gran-
« des pierres de taille, et il en reste encore des
« ruines des deux côtés ; mais elle ne retient plus
« l'eau, qui s'écoule d'abord dans la plaine, et
« qui, suivant le plus ou le moins de pluies, se
« perd à longue ou à courte distance dans les
« sables et les champs voisins ; on dit que la ville
« de Mâreb...... est située à une heure de là et
« sur le côté. Il n'y a donc pas d'apparence qu'elle
« ait été détruite par une inondation : sa ruine
« fut une suite naturelle de ce que le pays voisin
« ne pouvait plus être arrosé à temps [1]. »

[1] Niebuhr, *Description de l'Arabie*, pag. 240 à 242.

On sait que l'inondation dont il est question se trouve mentionnée dans l'alcoran ; on y lit ces mots : « Les descendants de *Saba* ont vu dans « leur habitation un signe de notre toute-puis- « sance : à droite et à gauche étaient deux jar- « dins. Nourrissez-vous, leur a-t-on dit, des dons « de votre Seigneur et rendez-lui grâce..... « Mais ils ont été rebelles, et nous avons en- « voyé les torrents des digues ; au lieu des deux « jardins dont ils jouissaient auparavant, nous « leur en avons donné deux autres qui ne pro- « duisent que des fruits amers, des tamarins et « quelques lotus (nabk) [1]. »

Cette tradition célèbre avait fixé l'attention de l'Académie royale des inscriptions et belles-lettres. Dans les *Éclaircissements demandés sur quelques points de géographie,* elle avait provoqué l'exa- men des lieux théâtre de l'événement [2] ; c'est sans doute l'origine du travail de Reiske, publié sous le titre de : *De Arabum epocha vetustis- sima Seïl el-Arim dicta* [3] .... c'est aussi la source

[1] Voyez le *Corân*, chap. XXXIV, 14, 15, 16. Le nabk est un des arbres correspondant au *Lotus* des Loto- phages.

[2] *Mémoire adressé au nom de l'Académie des Inscriptions et Belles - Lettres* aux voyageurs danois, art. 2 (p. 247 des *Questions de Michaëlis,* Amsterd. 1771). Voy. ci-dessous à la fin du chap. II, avant l'*Appendice.*

[3] *i. e. ruptura catarrhactæ Marebensis.* Leipsick, 1748.

des nombreuses questions posées à ce sujet par Michaëlis pour les voyageurs danois. Selon Reiske, un torrent, sorti des montagnes, se déchargeait dans un lac, contenu par une digue merveilleuse, ouvrage de Balkis, cette reine de Sabâ qui se rendit en Palestine pour voir Salomon. Les eaux avaient la profondeur de 20 brasses. Trois ouvertures, placées à différentes hauteurs, donnaient passage aux eaux destinées à l'irrigation, et, jusqu'à une demi-journée de distance, le pays était d'une grande fertilité. Une digue fermait l'ouverture entre deux rochers.

Puisqu'aujourd'hui même, après un siècle, on ne connaît pas l'exact état des lieux, j'extrairai (mais sous le rapport géographique seulement [1]) différents passages des auteurs arabes, empruntés en grande partie au mémoire de M. Silvestre de Sacy, le meilleur guide qu'on puisse suivre, puisque personne, je pense, n'a traité du sujet avec plus de développements [2] :

[1] C'est dans les provinces de Chagr ou Chegr qu'était située la ville de Sabâ ou Mâreb ; la nomenclature géographique que j'ai donnée plus haut, présente plusieurs localités d'un nom analogue : Djebel el-Chagher, Beny-Saghr, Ebn Saghra.

[2] *Mémoire sur divers événements de l'histoire des Arabes avant Mahomet* (Académie des inscriptions et belles-lettres, tome XLVIII, pag. 484 et suiv.).

ces auteurs sont : Masoudi, Nowaïri, Meïdani
et plusieurs autres.

Lokman, fils d'Ad, un des rois de l'Yémen, en-
treprit de mettre un terme aux inondations qui
désolaient le pays de Sabâ ou Mâreb, et d'opposer
une digue aux torrents qui se précipitaient du
haut des montagnes, entraînant les moissons et
les vignes ; il leur ouvrit un lit vers la mer. Pour
retenir l'excédant dans un vaste réservoir, il
construisit une forte digue entre deux montagnes
élevées. A cette digue étaient pratiquées des ouvertures d'où les eaux s'échappaient et étaient
conduites sur les terres à arroser ; une population
immense, attirée par la fécondité du sol, y
porta la culture au plus haut degré ; pendant plusieurs siècles, les habitants jouirent de la prospérité. Averti de l'approche d'une grande catas-
trophe, la rupture de la digue, un certain Amrou
ben-A'mer, sortit du pays, emmena plusieurs
familles avec lui ; ils émigrèrent dans le pays
d'A'k, de Médine et même en Syrie ; d'autres
dans l'Oman, le Nedjd et à la Mecque. Bientôt
après, les digues se rompirent, et le pays de
Mâreb fut ruiné. Citons ici le poëte Maimoun ben-
Kaïs, le même qu'Ascha, antérieur à Mahomet.

« Mâreb, détruite et effacée par le torrent, est
« un exemple pour quiconque sait le mettre à
« profit. Himyar avait employé le marbre à cons-

« truire ses digues; et lorsque les eaux gonflées
« venaient les battre, elles ne pouvaient les sur-
« monter. Leurs terres étaient abreuvées par ses
« eaux, qui, divisées à propos, leur fournissaient
« des irrigations abondantes : ensuite ils ont
« été dispersés..... »

Le docte auteur du Mémoire *sur divers événements de l'histoire des Arabes avant Mahomet*
rapporte les différentes opinions des écrivains arabes sur le nom de Sabâ et sur celui de Mâreb; il en
résulterait que ces mots seraient à la fois des noms
de lieux et des noms d'individus ou de tribus ;
mais cette question, quelque importante qu'elle
soit pour l'histoire, n'apporte point de lumière
dans la question géographique; les lieux et les
tribus ont pu, réciproquement, se donner leurs
noms : la connaissance des localités est le seul
objet que nous avons ici en vue. « Mâreb....
« que l'on nomme aussi Sabâ, dit Aboul-Fedâ;
« entre Mâreb et Sanâ il y a trois stations, d'au-
« tres en comptent quatre; cette ville est ruinée;
« elle a été autrefois la capitale des *Tobba* [1] du
« Yemen. Elle était située à l'extrémité des mon-
« tagnes du Hadramaut; c'est là qu'était la digue;
« on la nomme *la ville de Sabâ*. » On voit que
ces différents auteurs paraissent nommer indif-

[1] Le mot *Tobba* est un nom de dynastie analogue à celui de Pharaon.

féremment Mâreb et Sabâ l'un pour l'autre ; il en est de même de Ebn el-Ouârdy, d'Alfergan, de Kazouïni. Voici un extrait de ce dernier : « Sabâ
« était une ville très-forte , très-peuplée ; l'air y
« était sain , et les eaux très-douces ; les arbres
« en grand nombre, et les fruits très-agréables
« au goût..... Il se rassemblait dans ce canton
« une grande quantité d'eaux, produites par les
« torrents qui roulaient entre deux montagnes
« éloignées l'une de l'autre de deux parasanges,
« et venaient se perdre dans les campagnes.
« Lorsque la reine Balkis fut montée sur le
« trône, elle bâtit une digue en pierre et en bi-
« tume , et laissa cette masse d'eaux en dehors
« de la digue, dans laquelle elle pratiqua des
« ouvertures à trois hauteurs différentes.....
« Ce canton devint le plus fertile et le plus riche
« de toute la terre. »

Selon le Djihan Numa, « les terres de Mâreb
« sont arrosées par des eaux courantes ; on pré-
« tend qu'on y fait trois récoltes par an. La ville
« capitale est Sabâ : c'était celle de Balkis, reine
« de Sabâ..... Il y avait anciennement dans ce
« canton de grands torrents qui couraient entre
« deux montagnes et se perdaient dans les terres ;
« l'entre-deux de ces montagnes est de deux
« lieues de distance : mais dans la suite un roi
« himyarite ayant fait faire une digue de pierres

« et de bitume pour retenir les eaux de ces tor-
« rents, il ne laissa à cette digue que trois ou-
« vertures qui se fermaient, et que les habitants
« du pays ouvraient lorsqu'ils voulaient arroser
« leurs terres; de sorte que le pays devint un
« des plus beaux du monde.... Il y a à Sabâ du
« sel minéral..... Le trône de Balkis, qui était
« bâti sur des colonnes, était à Sabâ : ces co-
« lonnes avaient vingt-huit coudées de haut. »
(Tout le reste, à peu près, se retrouve dans les
passages précédents.)

Dans les *Excerpta ex Abulfeda de rebus Ara-*
bum ante Mahommedem, par M. Silvestre de
Sacy [1], on remarque le passage suivant : « Saba
« (le quatrième roi de l'Yémen) est celui qui
« construisit une digue dans la région de Mâreb;
« il détourna de ce côté *soixante-dix* rivières, et
« y conduisit des torrents amenés de loin; il
« construisit la ville de Mâreb, qui a été appelée
« la ville de Sabâ. »

Tous ces témoignages, que j'ai dégagés à dessein des détails fabuleux, coïncident assez bien
ensemble, ou du moins ne présentent aucune
grave contradiction. La position de Mâreb, à
trois journées de Sanâ, ne donne lieu à aucune

---

[1] A la suite du *Specimen historiæ Arabum*, auct. *Ed. Po-*
cockio. Oxon., 1806, page 498.

incertitude; j'ai adopté sur ma carte d'Arabie la distance de quatre journées : c'est à peu près la situation que Niebuhr lui a donnée. On connaît donc assez bien la position du lieu où était construite la digue de Mâreb, et qui fut le théâtre de la célèbre inondation, devenue plus tard une ère pour les Arabes. On a vu que par suite, des tribus émigrèrent dans l'Hedjâz, l'Oman, le Nedjd, l'Haça, et jusque dans l'Irak-Arabi et en Syrie.

Il resterait à connaître l'époque précise de cet événement; mais on doit convenir que cette détermination n'a pu encore être obtenue d'une manière satisfaisante, même par les hommes les plus érudits. Reiske cite plusieurs auteurs dont les opinions, sur ce sujet, diffèrent de plus de huit et même de dix siècles; pour lui, il s'arrête à une époque antérieure à l'ère chrétienne, de trente à quarante ans. M. Gossellin remontait jusqu'à l'an 374 avant J. C. M. de Sacy est celui qui l'a le plus rapprochée, en la fixant à l'an 210, ou tout au plus à l'an 170 de l'ère vulgaire. Schultens la portait à 30 ou 40 ans de la même ère. M. le docteur Perron (qui suit avec succès, en Égypte, les traces de M. Fresnel) pense que l'événement a eu lieu 553 ans avant Mahomet. Une opinion moyenne le place vers l'an 150 de J. C.

J'ai développé avec quelque détail ce qui regarde l'événement de la rupture de la digue, à cause du point de géographie qui s'y rattache; mais je dirai très-peu de mots sur d'autres événements, aussi anciens ou plus importants même, parce qu'ils ne jettent point ou que peu de lumière sur la question géographique. J'aime mieux renvoyer le lecteur aux savantes *lettres* de M. F. Fresnel *sur l'histoire des Arabes avant l'islamisme.* Les Arabes comptent dans leurs annales un grand nombre de batailles, célèbres pour l'importance des résultats qui les ont suivies. Deux nations principales se sont en quelque sorte partagé la Péninsule de tout temps, et se la partagent peut-être encore aujourd'hui : au midi, les Aribah, ou Arabes de pur sang, ceux qui parlaient l'ancienne langue; au nord, les enfants de Maad, autrement la postérité d'Ismaël. Le nom commun des rois de l'Yémen ou des Hémyarites était *Tobba.* On regarde communément Qahtân comme l'Ioqtan de la Genèse; ce roi serait à quatre générations de Noé, si l'on acceptait cette conjecture. M. Fresnel admet que trois races, trois nations distinctes, ont habité l'Arabie : les *Aribah*, formant neuf tribus arabes de pur sang, ceux qui parlent l'ancienne langue; les *Mouta-arribes* (ceux qui ne sont pas purs) descendant de *Qahtân*, et les *Moustarribes*, postérité d'Ismaël, les enfants de Ma'âd. Ma'âd était fils d'Adnàn fils d'Oudad; Qahtân fut le père d'Yaroub; Hemyar est un des descendants de ce dernier.

Dans son *Specimen historiæ Arabum*, si bien connu des savants, Édouard Pococke rapporte cinq séries principales des rois arabes: 1° quarante-neuf rois de l'Yémen : *reges Yamanites*, dont le dernier fut contemporain d'Héraclius; 2° ensuite, les rois ayant régné ailleurs qu'en Yémen : *reges Hirenses*, au nombre de vingt-quatre; 3° *reges Gassanii*, au nombre de trente et un, le dernier est de l'époque d'O'mar; 4° *reges Jorhamidæ*, au nombre de douze; 5° *reges Cendæ*....

C'est dans le livre de Pococke, et dans le beau mémoire de M. de Sacy, qu'il faut lire les développements de cette histoire un peu obscure, mais qu'on ne peut cependant regarder comme fabuleuse, attendu les synchronismes auxquels on parvient. M. Fresnel, et M. le docteur Perron ensuite, ont discuté en dernier lieu cette chronologie des rois de l'Yémen; et s'il reste encore de l'incertitude, elle vient plutôt de la difficulté d'évaluer la durée des générations que de toute autre cause. Les Aribah ont porté leurs armes dans l'Abyssinie; et même les *Tobbas*, c'est-à-dire les rois yamanites ou hémyarites, ont possédé ce pays.

Dans des temps plus récents, les Éthiopiens, à leur tour, ont régné dans l'Yémen, jusque vers l'époque de Mahomet; c'est ce que M. Perron établit d'après l'histoire d'Ohayhah, traduite de l'aghaniy. Trois générations avant Mahomet, Ohayhah, le chef des Ansar, défendit vaillamment Médine contre un roi hémyarite et lui fit lever le siége; la liste des lieux que traversa le Tobba, d'après cette histoire, en retournant de Médine dans l'Yémen, fournit quelques noms à la géographie. Selon M. Fresnel, les Arabes de race maaddique ont soutenu une longue lutte contre les Arabes de l'Yémen, pour conquérir leur indépendance. Trois grandes batailles sont les principales phases de cette histoire : la première est celle d'*Albaydá*, elle a précédé Mahomet d'environ trois cent trente ans; la dernière, celle de *Khazáz*, l'a précédé de deux cent quatre-vingt-onze ans; celle de *Soullán* est intermédiaire entre les deux autres.

Une recherche curieuse a été tentée par plusieurs écrivains modernes, c'est la synonymie des tribus arabes et de celles que la Bible a mentionnées; le nombre des noms communs n'est pas si grand qu'on l'a pensé. Il résulterait des rapprochements attentifs qu'a faits M. Fresnel [1], qu'à

---

[1] *Lettres* sur l'histoire des Arabes, etc., Journal asiat. 1838, p. 216 et suiv.

peine neuf à dix noms de tribus arabes ont leurs analogues dans la Bible ; voici ces noms :

NOMS DE TRIBUS ARABES.	FAMILLES OU TRIBUS BIBLIQUES.
Schameydah.	Schemida (enfants de Galaad).
Sabâ.	Schebâ.
Ad.	Adâh (femme d'Ésaü)?
Oumayyîm.	Leoummîm (enfants de Dedân).
Amliq.	Amlic (Amalécites).
Nâbit.	Nebâyoth.
Hadramaut (nom de terre et non de tribu).	Hadarmâweth.
Djourhoum.	Hâdorâm.
Abil ?	Awbal.

Plus de quarante noms de tribus bibliques manquent dans la liste des tribus arabes ; réciproquement beaucoup de noms de tribus arabes, aujourd'hui connus, manquent dans la nomenclature de la Bible.

Le nom *Schebâ* ou Sabâ se rapporte à l'Arabie méridionale. Le nom de Dedân (lequel manque parmi les noms aujourd'hui connus) se rapporte à l'Arabie septentrionale. En effet, parmi les enfants de Dedân, la Bible cite les Leoummîn, aujourd'hui Oumayyîm, qu'il est difficile de ne pas reconnaître dans ἀλλουμαιῶται. Or ce dernier mot appartient, suivant Ptolémée le géographe[1], à la région moyenne et septentrionale de la Péninsule.

1 *Geographiæ libri octo*, etc., lib. vi, c. vii.

Les tribus suivantes, dépendant des Aribah (les Arabes purs), existaient au temps de Mahomet suivant Soyouty : *Ad, Thamoud, Oumayyim, Abil, Tasm, Djadés, Amliq, Djourhoum, Wabar, Djâcîm* [1] ; les premières sont célèbres dans l'histoire primordiale d'Arabie. J'ai cherché parmi les noms qu'a recueillis tout récemment M. Haines, sur les côtes de l'Arabie australe, quelques noms analogues, sans en rencontrer un seul. Voici plusieurs de ces derniers noms ; les tribus qui les portent sont distribuées entre le 42ᵉ degré de long. E. de Paris et le 48ᵉ : *Subeïhi, Akrabi, Abd-ali, Yafa'ï, Fudhli, Urlasi, Diyabi, Hamari, Wahidi, Berishi, Hammum* [2].

Le nom même de toute la nation est tiré, suivant Firouzabadi, du lieu dit *A'rabah* عربة partie de la région du Tehâmah, qu'habita Ismaël, le père des Arabes ; Safieddin dit aussi que le nom des Arabes vient du mot *A'rabah*, qui est celui de la Péninsule. Mais ce nom d'A'rabah ne s'est pas conservé, à ma connaissance, dans aucun des cantons du Tehâmah et de l'Hedjâz, de l'Yémen et de l'A'syr.

Je trouve encore dans Pococke la distinction de la population en *urbani*, habitants des villes

[1] Quatrième lettre de M. Fresnel.

[2] *Journal of the Royal Geographical Society*, tome IX : je conserve à dessein l'orthographe anglaise.

et villages, *el-A'rab* العرب, et en *nomades*, habitants du désert, *el-Aa'ráb* الاعراب

Quant aux *Saraceni* (d'où le nom des Sarrasins), il semble qu'on a généralement admis que ce mot venait de *Charq*, c'est-à-dire l'Orient; *Sarakioun* serait ainsi substitué à *Charqioun*, les Orientaux. Mais comment un son aussi distinct que le *chin* ش aurait-il pu se confondre avec le *syn* س, et, pour un mot aussi connu que *Charq*, comment aurait-on pu se tromper à l'omission des points? Enfin, le nom d'Orientaux peut-il s'attribuer spécialement aux gens de la Péninsule, à l'exclusion des Persans, des riverains de l'Indus, de ceux du Gange....?

J'emprunterai ici quelques mots à Ed. Pococke sur l'ancien culte des Arabes, sujet sur lequel il a longuement et savamment disserté, et j'y ajouterai quelques réflexions. Les Hémyarites adressaient un culte au soleil. L'idole adorée chez les *Thakifenses*, dans le lieu de Tâyef, s'appelait *Allat*; Mahomet la détruisit. Le mot Thakif s'est parfaitement conservé dans Tsaqyf, et presque sans altération, de même qu'Oman et tant d'autres noms de la Péninsule. La géographie, comme la langue, semble, là, avoir été respectée par le temps, plus que partout ailleurs [1].

Tâyef a d'abord été habité par les Adouân;

1 Voy. ci-dessous, § V et VI.

ensuite il l'a été par les Tsaqyf. A Djeddah, on vénérait une idole appelée *Sakhra'h* ou *Sakhrâ-Taouyl*, la pierre longue.

Les anciens Arabes adressaient un culte au soleil, à la lune, aux planètes, aux étoiles; ils observaient aussi les astres, mais plutôt dans des vues religieuses ou superstitieuses que pour en connaître la marche. Le feu avait aussi des autels; la tribu Anza était vouée au culte d'une idole appelée *Soair* (de *Sa'îr* سعير). Une autre idole du nom de Saa'd était honorée par les Beny-Malcân[1].

Le christianisme a pénétré en Arabie à plusieurs époques. Par ordre de Constantin et de Constance, Théophile fut envoyé en ambassade chez les Homérites, les anciens Sabæens, et il obtint de leur chef la permission d'élever trois églises, l'une à *Tafar*, qui fut la métropole, l'autre à *Adene* (Aden), et la troisième sur les bords du golfe Persique, *in emporio Persarum*, peut-être Ormuz : c'est ce que rapporte Philostorge dans son histoire ecclésiastique[2]. Selon d'autres auteurs, Sozomènes[3], Nonnosus, Evagrius[4], plusieurs établissements chrétiens ont été formés en Arabie aux temps de Justin et de Justinien : toutes ces

1 Voy. Notice des manuscrits, t. II, pag. 134.
2 *Histor. eccles.*, liv. III.
3 L. VI, c. 38.
4 L. VI, c. XXI.

églises ne paraissent pas avoir joui d'une grande prospérité. La religion de Mahomet y mit fin, et ce fut en Abyssinie que le christianisme se réfugia. Aujourd'hui même, l'idolâtrie règne encore sur plusieurs points de l'Arabie, ce berceau de l'islamisme. La religion juive y compte aussi des sectateurs. On connaît les Bédouins de la secte karaïte : cette population est une des plus singulières anomalies de la Péninsule, sous le rapport religieux comme sous le rapport de la question ethnologique. Ils ne sont sous la dépendance d'aucune autorité; habitants des déserts qui séparent l'Hedjâz du Nedjd, vers le nord, ils ne relèvent ni de l'un ni de l'autre pays, et ne vivent, comme les Arabes errants, que du produit de leurs troupeaux et des fruits du pillage. Ed. Pococke retrouve la secte des mages chez les Beni-temîm, celle des saducéens chez les Koraichites, celle des chrétiens chez les enfants de Gassan, enfin celle des juifs chez les enfants d'Hemyâr. Quant à la secte des nouveaux unitaires, qui suivent le dogme des Wahabis, cette religion est trop récente pour rentrer dans mon sujet [1].

1 On peut consulter à ce sujet l'excellent ouvrage de mon docte ami, M. de Corancez, enlevé trop tôt aux sciences qu'il cultivait avec succès, et que l'épidémie de 1832 nous a ravi, au moment où il allait publier de

La langue des anciens Arabes excite aujour-
d'hui l'attention des voyageurs et celle des savants; M. Cruttenden, et MM. Wellsted avant
lui, ont copié et publié des inscriptions écrites
dans cette langue. Ce sont ces monuments lapidaires dont Niebuhr avait entendu parler, mais
qu'il n'avait pu voir. C'est ainsi que les germes
des découvertes se conservent avec le temps et
finissent par éclore; les voyageurs ne doivent
donc jamais négliger, en ce genre, les plus légères
indications. Bien plus, la langue antique n'a pas
péri; M. Fresnel la retrouve encore vivante, et il
s'efforce de la dévoiler aux savants. Il s'est mis en
rapport avec des hommes de l'Hadramaut et d'autres lieux de l'Arabie méridionale, et il a pu se
former une idée de l'idiome encore usité dans leur
pays. Le moment approche où l'on pourra déchif-
frer les anciens monuments de la langue hémya-
rique.

Il y avait, dès les temps anciens, deux genres
d'écriture, qalam el-hémyary, et qalam el-a'raby;
le caractère mousnad était interdit au vulgaire.
Les signes de l'écriture, dit Pococke, étaient
mêlés les uns dans les autres et difficiles à discerner [1]. Cette définition ne s'applique point aux

nouveaux ouvrages qui auraient jeté du jour sur l'état
de l'Orient.

1 *Al mosnad vocabant, literis inter se implexis mini-*

caractères copiés en dernier lieu par les voyageurs. Selon M. Fresnel, l'idiome de l'Arabie
méridionale possède trente-quatre à trente-cinq
articulations et douze voyelles distinctes, dont
six pures et six nasales, sans compter les cheva
ou demi-voyelles; on sait que l'arabe ne compte
que vingt-huit sons pleins et trois points voyelles.

On sait si peu de chose sur le degré de culture des anciens Arabes, qu'on ne doit rejeter
aucune des traditions qui s'y rapportent. Je lis
dans le grand Mémoire de M. de Sacy sur l'origine et les anciens monuments de la littérature
parmi les Arabes : « Le roi Tobba était profon-
« dément versé dans la connaissance des livres
« anciens. » Cette assertion, tirée d'un auteur estimé, semble prouver que la littérature ancienne
ne se bornait pas aux poésies traditionnelles, trans-
mises par le chant d'âge en âge, ou à quelques monuments lapidaires; mais que l'on écrivait beaucoup, que l'on conservait les manuscrits, et sans
doute, de préférence, ceux qui intéressaient
l'histoire du pays. Que sont devenus ces trésors
de l'antique Arabie? Sont-ils perdus pour toujours, et ne retrouvera-t-on rien qui puisse
nous en dédommager? C'est ce qu'on ne peut

meque distinctis, quas tamen vulgo discere non permittebant.
(Specim. Hist. Ar., p. 160, 161.)

8.

admettre en voyant ce que les quarante dernières
années seulement ont amené de découvertes.

C'est une question de savoir si avant que les
Arabes fussent maîtres de l'Égypte, de la Syrie
et de l'Espagne, il y avait dans leur patrie ori-
ginelle quelques livres de sciences. Il faut convenir que jusqu'à présent on n'en a point découvert de preuves; les monuments manquent; s'il
en a existé, les vestiges ont disparu. Aussi l'opinion commune est que ces hommes, qui ont cultivé les sciences à Bagdad et à Damas, au Caire
et à Grenade, ont tiré tout des Grecs; on prétend qu'ils n'ont fait que traduire les mathéma-
ticiens, les historiens, les astronomes et les
philosophes de la Grèce, et l'on affirme qu'ils
n'ont rien ajouté aux anciens. Cette opinion
trop exclusive ne saurait être adoptée, dans le
moment même où la plus grande impulsion est
donnée aux études orientales, et permet aujour-
d'hui de découvrir des sources jusqu'ici inexplo-
rées. Déjà même plus d'un démenti a été donné
à cette assertion. L'aptitude scientifique du génie
arabe me semble un point hors de doute; comme
on ne peut attribuer à la nature même du dogme
mahométan les progrès qu'ils ont faits, les services que par là ils ont rendus à la civilisation,
l'influence qu'ils ont exercée, même en Europe,
sur le développement intellectuel, on doit re-

connaître que cette race possède en elle des qualités propres et natives, qui ont existé de tout temps, et ont dû les porter de bonne heure à rechercher la culture des arts de l'esprit[1]. Mais les Grecs ont-ils été leurs maîtres uniques? Ce doit être au moins un sujet de doute, quand on lit ces mots dans un auteur grave et d'un grand poids, Ebn Khaldoun, écrivain du huitième siècle de l'hégire : «Que sont devenus les ouvrages scienti- «fiques des Perses, qu'O'mar ordonna d'anéantir «lors de la conquête de leur pays? où sont ceux «des Chaldéens, des Syriens, des Babyloniens? «où sont ceux des *Égyptiens qui les ont précé-* «*dés ?* Les travaux d'un seul peuple sont venus «jusqu'à nous : je veux parler des Grecs. »

L'existence des anciens livres de sciences orien- taux est donc prouvée, même par le fait de leur disparition, ou plutôt par leur extrême rareté, car on ne peut admettre leur perte totale. Les anciens Arabes, placés entre la Perse, la Chaldée et l'Égypte, ont pu et dû puiser à ces antiques sour- ces orientales, bien avant d'être en contact avec les *Iounán,* avant de connaître et d'étudier leur langue, et de pouvoir transporter dans leur pro- pre idiome les écrits des philosophes et des ma- thématiciens de l'Occident. Ce n'est là qu'une conjecture, sans doute, et c'est pourquoi je me

1 Voy. le § VI, ci-dessous.

borne à l'indiquer (quoiqu'il fût facile de l'appuyer par des développements spécieux); j'ai voulu seulement appeler l'attention sur des recherches importantes que semble permettre aujourd'hui l'état des relations avec la Péninsule, recherches dont le succès est rendu probable par les découvertes récentes des Anglais dans la Péninsule, par les précieuses traditions recueillies par M. F. Fresnel, et ses observations sur l'ancien himyarite.

D'un autre côté, il est juste de pressentir une objection qui pourrait être tirée du témoignage de Hadji Khalfa, auteur plus récent, il est vrai, mais estimé. « Dans les premiers temps de l'islamisme, « les Arabes ne cultivaient aucune autre science « que leur langue, l'étude des décisions légales « contenue dans leur code, et la médecine ; leur « éloignement pour les sciences avait pour but « de conserver la pureté de leurs croyances et « des dogmes fondamentaux de l'islamisme, et « d'empêcher que l'étude des connaissances cul- « tivées par les anciens peuples n'y introduisît « quelque affaiblissement, et n'y portât quelque « atteinte, avant que cette nouvelle religion fût « solidement affermie. » (Citation de M. de Sacy dans les notes de la traduction d'A'bd-ellatif, p. 240.) Si je ne me trompe, la solution de l'objection est dans le passage lui-même. L'auteur, en effet, n'a nullement en vue les temps antérieurs à Mahomet; son observation ne s'applique même pas aux temps qui ont suivi la consolidation de l'islamisme; enfin, l'étude de la médecine suppose celle des sciences physiques accessoires, comme celle de la langue et de la grammaire admet celle des sciences historiques. O'mar, comme son maître et comme ses lieutenants, n'appartenait pas à cette partie de l'Arabie où est né et peut-être même encore conservé le goût des sciences et des lettres; Mahomet, son père et ses compagnons, étaient tous de l'Hedjâz, aucun de l'Yémen, tous hommes belliqueux plus que lettrés, et qui furent même forcés de consacrer des années entières à la soumission de l'Yémen. J'ai expliqué souvent, dans les pages précédentes, comment il fallait distinguer l'Arabie méridionale des autres parties de la Péninsule. Les fondateurs d'un culte nouveau ne pouvaient trouver que des obstacles dans la culture des sciences, et le dogme demandait d'autres moyens que l'étude pour s'établir et se propager; il n'y a donc nulle difficulté d'admettre la destruction des livres persans, opérée par les ordres du kalife O'mar, attestée d'ailleurs par Ebn-Khaldoun. Le fait semblable arrivé à Alexandrie ne prouve pas davantage, ni que les Arabes de l'Yémen n'eussent pas d'anciens livres, ni que la nation manquât de l'aptitude scientifique. Tout annonce au contraire que l'intelligence et la sagacité qui font le caractère de cette race l'ont rendue de tout temps éminemment propre à la culture des sciences et des lettres, et que loin d'avoir dégénéré, la nation arabe est aujourd'hui sur la voie de progrès nouveaux, pourvu qu'elle ne soit pas encore une fois comprimée par la force brutale comme au commencement du XVIe siècle.

Ce qui est incontestable, c'est que la navigation des Arabes dans les mers de l'Inde remonte à une époque si éloignée qu'il serait impossible d'en assigner l'origine. De temps immémorial, ils faisaient usage d'instruments d'astronomie nautique, imparfaits à la vérité, et même très-grossiers, si on les compare à ceux des modernes, mais ingénieux et suffisants pour leurs opérations commerciales. Ces navigateurs pratiquaient toute la mer des Indes de Ceylan aux îles Maldives, au golfe Persique, à la côte d'Afrique. Parmi leurs instruments, les uns donnaient la latitude par les hauteurs de la polaire et des étoiles circompolaires; d'autres servaient à mesurer la hauteur du soleil, et tous avec une approximation suffisante pour des navires d'un faible tirant d'eau [1]. Plus tard, les astrolabes, dont le nom seul peut-être appartient aux Grecs,

[1] Voir un rapport sur les instruments des Arabes, d'après un mémoire de M. James Prinsep. (Bull. de la Soc. géogr. de Paris, novembre 1838.)

furent perfectionnés [1]; ils étaient déjà d'une exécution très-soignée et très-bien divisés, dès le troisième siècle de l'hégire, sous Moctafi-Billah, et même avant, sous les premiers Abassides. On possède aujourd'hui dans les collections publiques des instruments de ces époques reculées, que les cosmographes européens des quinzième et seizième siècles n'ont fait que copier fidèlement, et traduire de l'arabe en allemand, et en italien. Ce serait sortir du sujet que d'ajouter ici d'autres développements : la place en est marquée dans un catalogue raisonné des *Collections géographiques de la Bibliothèque royale.*

En résumé, je ne pense pas que les Arabes de l'Yémen aient commencé à cultiver les sciences et les arts seulement après leurs conquêtes en Europe; que les traductions des auteurs grecs soient l'unique source où ils ont puisé, et que les heureuses facultés dont la nature a doué cette race aient attendu, pour s'exercer et se produire, qu'un homme de l'Hedjâz ait dressé son cimeterre, ait élevé un dogme nouveau sur son drapeau sanglant; loin de là, les sciences et les lettres se sont dès lors arrêtées

1 Les Arabes se servent du mot légèrement altéré, *Astarlab.* Des auteurs, que d'Herbelot désigne sans les nommer, donnaient par ignorance une étymologie arabique au mot astrolabe.

dans leur cours, et leur progrès a été retardé
pendant plus d'un siècle, jusqu'à ce qu'enfin la
paix, la puissance et la prospérité aient permis
aux califes de leur donner un vif éclat sur les
rives de l'Euphrate, éclat qui s'est bientôt réflé-
chi jusqu'en Espagne. C'est alors que l'influence
des études scientifiques des Arabes s'est fait sentir dans toute l'Europe. Le christianisme ne re-
poussa point les sciences professées par les doc-
teurs musulmans; nos arts même en profitèrent, au
point que l'emploi des dessins arabesques prit
alors naissance parmi nous, et s'introduisit dans
nos livres, sans que les religieux et les artistes
qui les empruntaient aux livres arabes pour en
enrichir leurs ouvrages, se doutassent même de
la signification de ces ornements [1].

§ IV. SUITE DES REMARQUES GÉOGRAPHIQUES ET HISTORIQUES.

J'ajouterai ici quelques observations propres
à compléter les deux paragraphes précédents;
elles me sont suggérées par la lecture de plusieurs passages des auteurs arabes et par les
découvertes récentes. Selon Ebn-el-Ouardy, le

---

[1] Aux ornements gracieux, mais de pure fantaisie, qui
forment les peintures mauresques, sont souvent associés
et entrelacés des mots arabes empruntés au Coran. — Voir
les bordures de l'atlas catalan et celles de la carte de
Valsequa, dont on doit une copie soignée au zèle éclairé de
M. Tastu; des lettres coufiques font la base des ornements.

nom de Djeziret-el-A'rab comprendrait Baghdad,
Koufa et Basra : ce mot ne s'appliquerait donc pas,
selon lui, à la Péninsule, à l'Arabie proprement
dite. Mais il me semble que Ebn-el-Ouardy est
le seul qui transporte à Baghdad et Bassora le nom
appartenant en propre à la presqu'île arabique [1].
La Mésopotamie, à la vérité, s'appelle aussi
Djezyreh et Djezyreh ben-O'mar, mais non
Djezyret-el-A'rab.

Le même auteur définit le Tehâmah de la
même manière que l'Édricy, c'est-à-dire, comme
un pays de montagnes, tandis que vulgairement
on le regarde comme une plaine. Le Tehâmah,
dit-il (version de M. de Guignes [2]), est une
portion de l'Yémen du côté de l'Hedjâz, pays
montagneux borné à l'occident par la mer de
Kolzoum; à l'orient, au midi et au nord, par
une suite de montagnes. Ce témoignage vient à
l'appui de mon opinion [3]. De ce que le Tehâmah
est la partie tendant vers la mer, on a conclu à
tort que c'était une côte plate, comme sont
assez souvent les plages maritimes; mais le
Tehâmah est en effet entrecoupé de montagnes,
et il est mis en opposition avec l'intérieur de

1 Notice des manuscrits, etc., t. II, p. 34, art. de M. de
Guignes.

2 *Ibid.* p. 43.

3 Voy. plus haut pages 34 et 92.

l'Arabie, le Nedjd, le pays élevé et le plus éloigné de la mer.

J'ai parlé plus haut de la digue de Mâreb comme d'un ouvrage remarquable ; mais il paraît que les anciens rois hémyarites avaient construit bien d'autres ouvrages d'art. Selon Ebn-el-Ouardy, un roi du pays coupa entièrement une montagne entre l'Yémen et la mer pour pratiquer un canal ; un de ses ennemis ayant ruiné ce travail, la mer entra dans l'Yémen et submergea un très-grand territoire [1]. Or, il est impossible de confondre cet ouvrage avec celui de Mâreb, malgré le fait de l'inondation, commun aux deux récits. Selon Ebn-el-Ouardy, le bassin que fermait la digue de Sabâ (ou Mâreb) était bâti avec des rochers et du plomb ; des pluies considérables renversèrent cet ouvrage. Il est, je pense, le seul auteur arabe qui ne donne pas une explication puérile ou fabuleuse de la destruction de la digue.

Les modernes voyageurs viennent d'observer dans l'Arabie méridionale des constructions en marbre d'une très-grande étendue, et de nombreux vestiges d'anciennes villes. Il semble que tout s'accorde aujourd'hui pour prouver l'existence de l'antique royaume yémanique, si longtemps mis en doute.

---

[1] Notice des manuscrits, t. II, p. 42, art. de M. de Guignes.

Quel était l'objet de cette longue muraille en marbre, d'un demi-mille de long, dont l'existence nous est révélée par le récit d'un voyageur récent, le lieutenant Wellsted? C'est ce qu'il est difficile d'expliquer jusqu'à plus ample description. Toujours est-il qu'on est sur la voie d'une multitude de découvertes importantes pour l'ancienne histoire du pays : par exemple, nous devons à Burckhardt la confirmation d'un récit de Niebuhr et autres auteurs sur l'existence d'anciens *hypogées* dans le Hedjer et dans la vallée de Doan. Sans doute ces faits ne sont point isolés; un pareil usage vient appuyer mon opinion sur l'origine de la population égyptienne[1].

Quant au degré d'avancement de l'Yémen, il faut songer que la civilisation est toujours en rapport avec l'état des relations commerciales; or, quel pays fut mieux partagé et mieux situé sous le rapport du commerce qu'Aden et Dhafar? C'est là que de temps immémorial on trafiquait d'une multitude de riches productions de la Chine, de l'Inde et de l'Arabie elle-même: d'abord les métaux, l'étain, le plomb, l'acier de l'Inde, les armes; puis les aromates, les bois odoriférants, l'aoud, le musc de la civette, la myrrhe, l'encens, etc.; les étoffes précieuses, la soie, les habits faits d'une herbe plus estimée

1 Voy. ci-dessous le § vi.

que la soie même, les housses, l'ivoire et l'ébène, enfin les perles, les gemmes et les pierres précieuses de toute espèce.

Je lis dans Aboulfeda (*Arab. descript.*) que le mont Schibâm est riche en agates, en onyx, en cornalines : le pays d'A'qyq, qui est au nord de la contrée d'A'syr, est dans le même cas : *Aqyq* signifie agate. Aux environs de Sanâ', il y a des pierres semblables.

El Ahqâf est un vaste espace, supposé désert, où sont de grandes dunes de sable, *arenæ flexuosæ*. Ce désert appartenait, selon Ed. Pococke, à la tribu des fils d'A'd, voisine de l'Yémen et d'Oman; Lokman fut un des rois de ce pays. Je passe d'autres localités moins intéressantes, et j'omets également plusieurs lieux cités dans l'*Aghaniy*, ouvrage récemment traduit par M. le docteur Perron; ces lieux sont situés sur la route que suivit le Tobba, retournant de Médine dans l'Yémen [1] après la levée du siége; plusieurs de ces lieux existent aujourd'hui avec le même nom. Schibâm, d'après M. Fresnel, serait plus au nord que dans toutes les cartes; c'est la capitale du pays de Hadramaut, pays plus fameux que bien connu. Ces renseignements et beaucoup d'autres lui sont venus de riches commerçants hadramîtes établis à Djeddah;

1 Journal asiatique, novembre 1838.

ces négociants, de Hadramaut et de Mahrah,
ont été mis en rapport avec M. Fresnel par l'intermédiaire d'un des hommes les plus instruits sur
l'état du Hedjaz et de l'Yémen, M. le docteur
Chedufau, médecin en chef des armées égyptiennes en Arabie, qui doit avoir recueilli une
multitude de notions précieuses.

Terim, selon ces renseignements, serait une
grande ville à un jour à l'ouest de Schebâm,
renfermant 360 mosquées. Seywoum est à une
demi-journée à l'est; la vallée de Bourhout,
deux à trois journées à l'est.

Dhafâr ظفار est un nom commun à plusieurs
lieux de l'Arabie, selon Firouzabadi; mais la ville
importante, celle qui correspond sans doute au
Saphar de la Bible, est le port de mer, l'un des
plus grands marchés de l'Inde; Firouzabadi la
distingue en disant qu'on y apporte de l'Inde un
bois précieux. C'était, selon M. Fresnel, la vraie
capitale des Hémyarites et la résidence des rois [1].
Il n'y a plus de villes dans cet emplacement,
mais une série de villages, entre Mirbât et Râs-
Sâdjer; dans le voisinage est *Belâd-Harqâm*, بلاد
حرقام où l'on voit aujourd'hui de grandes ruines,
des pierres bien taillées, des voûtes en plein
cintre avec des voûtes en ogive [2]; je conjec-

1 Journal asiatique, 1838, pag. 508 et suiv.
2 D'après un certain Mouhsin qui est du pays même.

ture que c'est là le siége d'une des trois églises
dont parle Philostorge[1] dans son *Histoire ecclésiastique*. Une autre ville de Dhafâr était près de
Sauâ. Abulfedâ en place une à 24 parasanges de
cette ville, tandis que Dhafâr, port de mer, en
est à 200 parasanges.

Selon notre savant voyageur, la contrée de
Mahrah s'étend plus loin à l'ouest qu'on ne l'a
marqué sur les cartes, et que je ne l'ai fait moi-
même sur la mienne avant de connaître cette
donnée. Mahrah se prolonge en effet depuis
Sayhout, سَيْحُوت entre Qischin[2] et le cap Bagha-
chouah, jusqu'au cap Qarouân قروان un peu au
delà de Hâsik حاسك Dans tout le Mahrah, on parle
encore une langue très-distincte de l'arabe, le
dialecte de Hemyâr, l'antique langue d'Ad et de
Thamoud ; cette langue a de l'analogie avec
l'ehkili parlé à Dhafâr ; elle est usitée dans l'intérieur de Mahrah, jusqu'à 15 à 16 journées
de distance vers le nord. Au reste, d'après les
mêmes renseignements, la situation actuelle du
pays est des plus tristes ; tout l'intérieur est en
état de complète anarchie ; il y a un prince qui
règne à Qischin, la ville principale, mais son
pouvoir expire aux portes de la ville. Toutefois
une exploration scientifique au dedans de cette
région ne présenterait pas de très-grandes diffi-

1 Voyez plus haut, page 112.
2 Kescheim de la carte générale.

cultés, et promettrait une abondante moisson de découvertes historiques et philologiques.

A voir le tableau des voyages qui ont été exécutés en Arabie depuis le seizième siècle, on penserait qu'aucun pays ne doit être mieux connu; sans parler des nombreux voyageurs arabes et écrivains orientaux, trente ou quarante relations ont été publiées par des auteurs européens, en portugais, en italien, en français, en allemand, en anglais; celui qui voudra en avoir une liste à peu près complète et une savante analyse, ne peut rien faire de mieux que de consulter la notice qu'un des plus savants géographes de notre temps a jointe à sa traduction de l'*Arabie* de Burckhardt [1], travail pour lequel on lui doit de la reconnaissance, et dont le succès doit l'encourager à donner la *Syrie* et la *Nubie* du même voyageur [2]. Personne en France ne s'est occupé des voyages d'Arabie avec plus de suite que M. Eyriès, et n'a mis plus d'empressement à faire connaître toutes les découvertes des explorateurs.

Mais quel que soit le nombre de ces publications, il n'y en a qu'une faible partie qui jette

[1] Voyages en Arabie, 3 vol. in-8º, 1834.

[2] On doit encore à M. Eyriès un supplément à l'histoire des Wahabites, qui complète les événements postérieurs à la mort de Burckhardt.

des lumières sur l'intérieur du pays; en second
lieu, les mœurs et les usages ont été plus ap-
profondis que la géographie et l'histoire. L'expédition danoise du siècle dernier a produit le
voyage le plus mémorable de tous; sans la mort
des quatre compagnons de Niebuhr, quels résultats l'exploration n'eût-elle pas procurés! Bien
peu d'entre les voyageurs sont allés à quelque
distance dans l'intérieur, et le capitaine Sadlier
est, je crois, le seul chrétien qui ait traversé
toute la péninsule d'un golfe à l'autre. Plusieurs,
pour pénétrer un peu avant, ont été obligés de se
faire passer pour musulmans: tels le cheykh Man-
sour (Vincenzo); Aly-Bey (l'espagnol Badia qui
se présentait même comme le dernier des Abassides); le cheykh Ibrahim (c'est-à-dire Burckhardt); plus récemment Mohammed Hadji (Gio-
vanni Finati); enfin Seetzen, à son tour [1], a
embrassé l'islamisme pour le même dessein (1809).
De tous, c'est peut-être Burckhardt qui, de nos
jours, s'est montré le voyageur le plus intelligent, le plus profond et le plus infatigable.

Aujourd'hui, une ère nouvelle s'est ouverte aux
explorateurs; dans l'Yémen comme dans l'Hedjâz,
et même dans le Nedjd, partout l'on est plus

---

1 Voyez dans la correspond. astronom. de M. De Zach,
tom. XVIII, *Observations sur la géographie de l'Arabie*,
et, Winke, *für reisende in das innere Arabien.*

accoutumé à la vue des Européens. Jadis, ils ne fréquentaient guère que la côte occidentale; de nos jours, ils visitent sans obstacle toute la partie méridionale du pays, et même les côtes orientales. L'Arabie, autrefois, était, comme dans un sanctuaire inviolable, dérobée sous un voile épais à la curiosité des chrétiens : ce voile commence à se déchirer; ils ne s'arrêteront plus qu'ils ne l'aient levé tout à fait. M. Cruttenden a pénétré de Mokha à Sanâ' par un chemin nouveau, la route du nord ou de gauche. Le lieutenant Wellsted a parcouru, sans grands obstacles, le territoire d'Oman, et M. Haynes a vu de même, une grande partie du Mahrah et de l'Hadramaut. Les voyageurs ont trouvé à Sanâ' des pierres à inscriptions, apportées de Mâreb, et l'on y a même aperçu des médailles d'or qu'on suppose des anciens rois. La possession d'Aden donnera aux Anglais, s'ils y restent, des facilités inconnues pour explorer la partie à l'orient et au nord-est de l'Yémen. Parmi nos compatriotes, personne ne serait mieux préparé que M. Fresnel pour explorer le sol de l'ancienne Mariaba, qui, d'après les traditions, doit renfermer des vestiges dignes de toute notre curiosité.

§ V. GÉOGRAPHIE ANCIENNE.

Il n'en est pas de la géographie ancienne de

l'Arabie comme de celle d'un grand nombre de
contrées de l'*Orbis vetus*, qui ont été subjuguées
par les armes des Grecs et celles des Romains.
L'Arabie proprement dite ne leur a jamais été soumise[1]; elle a toujours gardé son indépendance.
Des villes grecques, des cités romaines ne se sont
point élevées à la place des villes indigènes, n'ont
pas contribué à leur ruine, n'en ont pas effacé le
nom et le souvenir. Les incursions des Perses et
celles des Éthiopiens, pas plus que les marches
des armées romaines et les menaces d'Alexandre, n'ont rien changé à la face du pays, à ses
mœurs, à sa civilisation, ou elles n'y ont changé
que peu de chose. La seule révolution qu'il ait subie est l'invasion de l'islamisme, et encore, en
adoptant ce dogme, l'Arabie est restée elle-même,
avec sa langue et ses usages; l'Arabe a gardé sa fier-
té native, avec toutes les qualités et les défauts qui
caractérisent cette race. Il est donc permis de remonter du présent au passé, et même à l'état le plus
ancien, sans être embarrassé par les vestiges d'une
géographie intermédiaire gréco-romaine, circonstance qui, trop souvent, a compliqué et obscurci
les investigations des érudits. Mais, dira-t-on, Ptolémée nous donne, de l'Arabie, une nomenclature
complète et très-étendue. Sans doute, on pourrait
la regarder comme une face nouvelle de la

---

1 Il n'est pas question ici de l'Arabie pétrée.

géographie du pays, s'il avait été en effet soumis aux empereurs; mais comme il n'en est rien, comme l'histoire prouve le contraire, il faut invinciblement regarder toutes ces dénominations, comme autant de noms indigènes, revêtus d'une finale grecque. Les Romains ont pris ces noms à leur tour, et y ont appliqué une désinence latine. Sous un grand nombre de ces noms, en effet, on retrouve les noms encore existants que les auteurs arabes et les voyageurs modernes nous ont fait connaître. Les Homeritæ, les Hadramitæ, les Chatramotitæ[1], les Sabæi, les Sapharitæ, les Omanitæ, les Maranitæ, les Minæi, les Thamudeni, étaient là, où sont encore aujourd'hui les gens de *Hemyar*, les gens de *Hadramaut*, les gens de *Sabá* (ou Mariaba), les gens de *Dhafar* (ou Safar), les gens d'*Oman*, ceux de *Mahrah*, ceux de *Mina*, de *Thamoud*, et bien d'autres peuplades, dont le nom, pas plus que l'existence, semble n'avoir reçu du temps aucune atteinte. Il en est de même des villes; c'est ainsi que Iathrib a succédé à Iatrippa, Mâreb à Mariaba, Carn à Carna, Negrân à Negrana (ou Anagrana), Obeida à Oboda, Aden à Adane; ou plutôt que les Grecs et les Romains se sont bornés à changer la désinence des antiques noms de lieux, tels que Iathrib, Mâreb, Carn, Nedjrân, sans presque les altérer en aucune façon.

On ne peut donc ici, comme pour d'autres con-

1. Autrement les Chatramitæ.

trées asiatiques, chercher, dans l'histoire, la succession des différents états du pays et ses divisions successives, suivant les différents maîtres qu'il aurait eus et les dominations qu'il aurait subies.

Et d'abord, la division de l'Arabie en trois parties paraît avoir été tracée par Ptolémée d'une façon tout arbitraire; les Arabes ne l'ont jamais adoptée ou même connue. Ce qu'il appelle Ἀραβία εὐδαίμων, l'Arabie heureuse, par opposition avec l'Arabia deserta, Ἀραβία ἔρημος, comprend de vastes espaces, qui, de tout temps, comme aujourd'hui, ont été ou déserts, ou stériles. Les géographes arabes ont donné le nom d'Yémen à une très-petite partie de l'*Arabia felix* des anciens.

On sait que la description de l'*Asie de Ptolémée* est partagée en trois livres différents; l'*Arabia petræa* et la *deserta* font partie du cinquième livre, et l'*Arabia felix*, du sixième. Il ne donne point d'explication de cette séparation; il semble que le géographe d'Alexandrie ait ignoré que, de même que l'Arabie était restée indépendante des nations étrangères, de même ses différentes régions avaient conservé leur indépendance les unes vis-à-vis des autres. La constitution du sol et la différence des lieux expliquent cette circonstance : c'est un point que j'ai touché plus haut.

Quoi qu'il en soit, continuons l'exposition de l'*Arabia antiqua* suivant les historiens. On est

étonné, autant qu'on regrette de ne trouver rien
ou presque rien sur la géographie de l'Arabie
dans Hérodote. A la vérité, Agatharchide, Diodore, Strabon, Pline, Arrien et Ptolémée surtout, sont plus abondants; mais ils ne nous dé-
dommagent pas de ce que nous aurait appris le
père de l'histoire sur une époque reculée, s'il
avait entrepris de traiter de l'Arabie comme il a
fait de l'Égypte.

Ce que Ptolémée appelle d'un nom commun,
l'Arabie heureuse, est divisé par Strabon, ou
plutôt par Ératosthène, en cinq royaumes distincts[1], et il est bien certainement question de la
péninsule proprement dite, de l'Arabie de Ptolémée, puisque Strabon s'exprime ainsi. « Au-dessus
« des Nabatéens, l'Arabie heureuse se prolonge
« l'espace de douze mille stades vers le midi jusqu'à
« l'Océan....[2] » Or, ces douze mille stades font
20 degrés, et c'est précisément la longueur de la
presqu'île sur la côte orientale du golfe Arabique
depuis les ruines de Petra, capitale des Nabatéens, jusqu'au détroit de Bâb el-Mandel. Strabon
définit encore l'Arabie par ces mots.... « Plus au
« midi, on trouve les tribus qui habitent l'Ara-

---

1 Liv. XVI, p. 782. t. V, p. 300 de la trad. franç. Voir ci-
dessous p. 140.

2 Le texte dit l'*océan Atlantique*; les savants traducteurs
pensent, d'après Denys le géographe, qu'on doit corriger ce
mot par *Éthiòpique*; c'est bien en effet le sens du passage.

« bie appelée *heureuse*, dont le côté septentrional
« est borné par le désert; elle a pour limites à
« l'est, le golfe Persique; à l'ouest, le golfe Ara-
« bique; au sud, la grande mer située en dehors
« de ces deux golfes....[1]. Selon Alexandre et Anaxi-
crate, dit le même Strabon, la côte orientale
du golfe Arabique a 14,000 stades depuis le fond
du golfe Ælanites, et la côte occidentale, 13,500
stades depuis Héroopolis[2]. » M. Gossellin a ré-
duit la première mesure en supposant les stades
d'un module plus court; mais le témoignage
d'Artémidore, parfaitement d'accord avec Strabon, s'y oppose, puisque Pline, traduisant sa mesure en milles, donne 1750 milles romains à la longueur du golfe[3]; ce nombre fait 14,000 stades
olympiques; de plus, Agathémère donne la même
mesure; on la retrouve, au reste, sur les cartes récentes en suivant les contours du littoral. Ératosthène (toujours dans Strabon) place les Minæens
à soixante-dix journées d'Ælana, et les Chatramotites à quarante journées des Gabéens. Saumaise a
lu ici *Gazéens*, et Casaubon, *Gerrhæens*; M. Gossellin trouve cette dernière correction très-judi-
cieuse et l'admet : je ne puis, quant à moi, l'ap-

---

1 Strabon, liv. **XVI**, pag. 765.
2 *Idem*, liv. **XVI**, pag. 768.
3 Livre **VI**, chap. 33.

prouver aucunement. Il se fonde sur ce que le rapport entre quarante et soixante-dix est le même qu'entre la distance de Gerrha (Bahreyn) aux Châtramotites, et celle qui sépare Ælana de ce pays. Il n'est pas question, dans Strabon, de la distance des Chatramotites à Ælana, mais de celle d'Ælana aux Minæens, ce qui est bien différent. Pour découvrir quel pays Strabon désigne par les Gabæens, il suffit de considérer la distance absolue des Minæens à Ælana et d'en prendre les quatre septièmes. Or, Ouâdy-Mina, la vallée de Mina dans le midi de la Mecque, correspond aux anciens Minæens ; de là à la ville d'Aïlah (Ælana), on compte 10 degrés et demi ou 294 heures, dont les quatre septièmes font 6 degrés ou 168 heures ; c'est la distance qu'on trouve en suivant la côte, du port de Kischin (ou Qischin) à Mâreb : on trouverait la même convenance en prenant Dhafar. Je conclus de là qu'il faut lire les *Sabæens* au lieu de les *Gabæens*, dans le passage ci-dessus, et non pas les Gerrhæens, lesquels sont d'ailleurs à une plus grande distance de l'Hadramaut, que Mina même ne l'est d'Aïlah ; ce changement de ΓΑΒΑΙΟΣ en ΣΑΒΑΙΟΣ ne paraîtra pas, je l'espère, trop hardi.

Le commerce de Sanâ' avec l'Hadramaut est encore, comme autrefois, très-actif ; il a été dans le midi de l'Arabie, et il est, aujourd'hui même,

le pendant de celui que faisait Petra avec le pays
de Macoraba.

J'ai dit que Strabon comptait dans le sud de
l'Arabie quatre grandes nations, obéissant toutes
à un seul roi : les Minæens, les Sabæens, les Cattabanes, les Chatramotites; cette nomenclature
vient corroborer mon explication, en mettant en
rapport le dernier de ces peuples avec les Sabæens, ce qui fait croire encore que Strabon a
voulu donner la distance qui les séparait; si je
ne me trompe, c'est un point maintenant acquis
à la géographie ancienne.

On trouve peu de villes le long du rivage, dit
Strabon, toujours d'après Ératosthène; mais il
en existe dans l'intérieur des terres un grand
nombre de bien habitées[1]; il ajoute qu'on voit en
beaucoup d'endroits des temples aux dieux égyptiens (souvenir du passage de Sésostris), et que
les maisons sont semblables à celles d'Égypte
par la manière dont la charpente est assemblée;
ce fait curieux ne peut guère être contesté, puisqu'on vient de découvrir en Arabie des *hypogées* à la manière égyptienne; nous reviendrons
ailleurs sur cette singulière analogie.

« Le pays, dit notre auteur, est orné et embelli
« de temples et de palais royaux; les habitations,
« sont magnifiquement construites en marbre[2];

1 Liv. XVI, pag. 769.
2 *Idem*, pag. 783.

« les villes n'ont point de murs à cause de la
« paix (qui règne en ces contrées) [1]. L'or
« abonde dans le pays, non pas en paillettes,
« mais en grains, de la grosseur d'un noyau ou
« même d'une noix; on donnait pour le cuivre
« trois fois son poids en or; pour le fer, deux
« fois; pour l'argent, dix fois. » Comme on n'indique pas le pays, je soupçonne que tout cet or
venait de l'Éthiopie. « Les Sabæens, selon Artémidore, étaient, de tous ces peuples, les plus
riches à cause de l'abondance des aromates,
l'encens, la myrrhe, le cinnamome, le baume, le
larimnum, etc. [2]; Mariaba, leur capitale, était
la résidence du roi. Ils possédaient une immense quantité d'ouvrages en or et en argent,
tels que lits, trépieds, cratères, vases, etc.
Les portes, les murs, les toits, étaient ornés
d'ivoire, d'or, d'argent, incrustés de pierres
précieuses. Les mosaïques étaient chose commune. Diodore de Sicile tient le même langage;
il avait puisé, sans doute, à la même source; il
insiste sur la richesse des Sabæens, sur leurs
maisons enrichies d'ouvrages d'or et d'argent,
de meubles incrustés d'ivoire et de pierres précieuses.

En retranchant l'exagération qui ne man-

---

1 Je cite toujours la traduction française.
2 Strabon, liv. XVI, pag. 777 et 778.

que pas à ces récits, il restera toujours que
l'opinion des anciens était unanime sur la richesse et la prospérité des Sabæens. La même
richesse et le même luxe se voyaient chez les
Gerrhæens.

« La terre était très-féconde, le pays fertile
« en fruits, et l'abondance des productions était
« telle qu'elle rendait les habitants paresseux[1]. »

Il ne peut y avoir aucun doute sur l'emplacement de la capitale des Sabæens : c'est Mâreb,
lieu qui a succédé à l'ancienne Mariaba[2] : ce lieu
appelle donc, peut-être avant tous les autres,
l'investigation des voyageurs.

On n'a pas cherché, à ce qu'il me semble, à
expliquer la division particulière que fait Strabon
de toute l'Arabie heureuse *en cinq royaumes*[3],
lesquels se composent, dit-il, des guerriers, des
laboureurs, des artisans, du pays qui produit la
myrrhe, enfin de celui qui produit l'encens. Cependant la première partie de cette phrase se rapporte
aux classes de la population, et la seconde évidemment à une division géographique; ce qui est tout
à fait inconsistant; je devais chercher à me rendre
compte de cette difficulté, que Casaubon passe
sous silence ainsi que les savants traducteurs fran-

1 Strabon, liv. XVI, pages, 777 et 778

2 Elle était située à l'extrémité d'une montagne.

3 Strabon, p. 782, Σύμπασαν τὴν εὐδαίμονα πενταχῇ σχίζουσιν
εἰς βασιλείας.

çais. Strabon se borne à dire que cette division est d'une autre espèce que celle d'après laquelle on partage le pays des aromates en quatre parties [1]. N'y avait-il ni artisans, ni guerriers, ni laboureurs dans le pays des aromates? et ne venait-il aucune espèce d'aromates dans les pays occupés par ces trois classes d'habitants? C'est le sens qui sortirait rigoureusement du texte; mais l'explication serait inadmissible, car Strabon a divisé le pays même des aromates en quatre grandes nations : les Minæens, les Sabæens, les Cattabanes et les Chatramotites, qui, certainement, renfermaient chacun, des artisans, des cultivateurs et des gens de guerre. Le monarque unique, auquel obéissaient les quatre nations, avait, sans doute, son siége à Sabâ ou Mariaba; ces pays étaient fertiles en fruits et grains; les ouvrages d'art étaient plutôt confectionnés dans ces provinces que dans celles du centre de l'Arabie, et dans celles du nord. Je ne pense donc pas que Strabon ait voulu donner ici une division de l'Arabie; mais je penche à croire qu'il a entendu, non pas une distinction du pays en *cinq royaumes*, mais une division de la population en *cinq classes*, et que les deux dernières se rapportent, l'une aux gens

1 Κατ' ἄλλην δὲ διαίρεσιν σύμπασαν τὴν εὐδαίμονα..... κ. τ. α. Voyez la note précédente.

qui recueillaient la myrrhe, l'autre aux gens qui recueillaient l'encens. Les aromates faisaient la principale richesse du pays ; une grande partie du peuple devait donc s'en occuper, c'est-à-dire, se livrer à la récolte, au transport et au commerce de ces précieuses productions. L'encens et la myrrhe, et non pas l'or, constituaient l'opulence de l'Yémen.

Il n'est pas étonnant que la richesse du pays en aromates et l'antique renommée du commerce de l'Arabie avec les Indes, aient appelé l'attention des peuples et tenté tour à tour l'ambition des conquérants Sésostris, Cambyse, Alexandre, Auguste, Trajan et d'autres empereurs ; puis les Éthiopiens et les Perses, enfin, dans le XVIᵉ siècle, les Ottomans, ont entrepris d'assujettir l'Arabie ; tous ont rencontré des obstacles presque insurmontables. Sésostris, dit-on, traversa le golfe Arabique à Diré ; c'est le détroit de Bab el-Mandel. Son expédition nous révèle l'origine des édifices de style égyptien existant dans la péninsule.

On sait qu'Alexandre avait résolu de s'emparer de l'Arabie ; seuls, de tous les peuples, les Arabes avaient négligé de lui envoyer des députés, et lors de sa marche vers les Indes[1], et lors

1 Strabon, liv. XVI, pages 741 et 785.

de son retour; à ce dessein, des flottes furent
équipées par ses ordres; des bâtiments furent
même construits dans la Méditerranée, pour être
transportés ensuite, pièce à pièce, dans la Baby-
lonie et descendre l'Euphrate; sa mort arrêta
l'entreprise.

Auguste mit beaucoup de suite à la sienne,
mais l'issue fut déplorable. Si j'entre ici dans
l'examen d'un fait purement historique, c'est
qu'il donne, sur la géographie positive de l'Arabie intérieure, plus de lumières qu'une foule de
descriptions. L'expédition eut lieu l'an 24 avant
l'ère chrétienne; dix mille hommes, compris les
auxiliaires Nabatéens et cinq cents juifs, com-
posaient l'armée, embarquée sur cent trente bâtiments. Le roi des Nabatéens, Obodas, parais-
sait dévoué à l'empereur, et son ministre,
Syllæus, qui se chargeait de le guider, avait toute
la confiance du général romain. J'omets les circonstances si remarquables de l'expédition et je
me borne à l'itinéraire.

Arrivé à *Leuce-Come*, il est obligé, à cause
des maladies et des pertes de toute espèce, d'y
séjourner pendant l'été et tout l'hiver. Il franchit ensuite un pays désert durant un grand
nombre de jours, et arrive au pays du roi Aretas,
qu'il met vingt jours à parcourir; puis, dans l'*Ararène*, pays de nomades, en partie inhabité. On

emploie cinquante jours à le traverser [1]; ensuite on parvient à *Negranes*, contrée fertile, et l'on prend la ville d'assaut, victoire qui livre aux Romains la ville d'*Asca*, située à six jours plus loin. On s'approvisionne à *Athrulla* de dattes et de blé. De là on se rend à *Marsyaba*, ville appartenant aux *Rhamanites*, gouvernés par Ilasarus [2], et à deux journées du pays des aromates. Mais, au bout de six jours, le siége est levé par suite de la disette d'eau, et là l'expédition trouve son terme. Il avait fallu au général six mois pour venir de *Leuce-Come* à *Marsyaba* (Mariaba); deux suffirent pour arriver sur le bord de la mer Rouge, en passant par *Negranes*, *les Sept puits*, la rivière *Malothas*, etc., d'où il traversa le golfe pour se rendre à

1 Cette route semble conforme à la description précédente donnée par Strabon, Diodore, etc. : d'abord le pays des nomades, ensuite les Debæ, peuples agricoles et pasteurs, puis les Asilæi et les Casandres plus civilisés; enfin le pays le plus riche de tous, les Sabæens.... Liv. XVI, pag. 777 et suiv.

2 M. Fresnel a pensé que ce mot était corrompu, qu'au lieu de ʿPAMANITΩN, il faut ʾIAMANITΩN. Il est certain que Ptolémée ne donne pas le premier nom, mais *Manitæ* et *Rhabanitæ*; M. Fresnel conjecture en outre que cet Ilasarus est le nom juif du Tobba qui, sept siècles avant Mahomet, régnait dans l'Yémen, et qui convertit les gens d'Yémen au judaïsme. Dans Ed. Pococke (*Spec. histor. arab.*, p. 61), ce roi est nommé Abou Karb Asa'd.

Myos-Hormos avec les débris de l'expédition.
La trahison de Syllæus fut cause de tous ces dé-
sastres : c'est ainsi du moins qu'en jugea l'empereur ; Strabon approuve la sentence qui con-
damna le ministre d'Obodas.

La route du retour permet seule de se rendre
compte du temps employé et de la longueur de
la route ; point de combats, en effet, ni d'obstacles connus pendant cette marche rétrograde.

Il faut lire partout *Mariaba*, le mot *Marsiaba*
est corrompu évidemment. Ptolémée nomme en
Arabie quatre noms analogues, mais le Σ ne se
trouve dans aucun d'eux : Macoraba, Maraba,
Mara, Mariama. *Negranes* correspond parfaitement à *Nedjerán* ou *Negrán* ; sur ma carte, on
trouvera ce lieu à neuf journées au N. O. de
Mâreb (*Mariaba*). Voici comme je détermine la valeur de la journée de marche : Ælius Gallus, pressé
d'arriver à Myos-Hormos, mais accompagné de
gens fatigués et malades, a dû s'embarquer nécessairement vis-à-vis de ce port, vers le 26ᵉ degré de latitude. On ne peut s'éloigner davantage
au sud de Moïlah (*Leuce-Come*), puisque Strabon
compare le temps employé pour franchir un *même
espace*, et l'on ne peut pas, non plus, aller plus au
nord que Coseyr, puisque c'eût été revenir sur
ses pas : c'est donc là qu'il faut chercher ce lieu
de *Negra*, terme de la marche. Le trajet total a

été de 350 lieues de 25 au degré. Puisque le chemin est de 60 jours entre *Negra* et *Mariaba*, il est facile de voir que Negranes étant aux 9/60, correspond à *O. Nedjerán*, qui se trouve à 52 lieues N. O. de Mâreb; les *Sept puits* [1] aux 11/60 de la route se trouveront, par analogie, à 117 lieues de Mâreb; il en serait ainsi des autres points, *Chaalla* et la rivière *Malothas*, si Strabon eût indiqué la distance de ces deux stations.

Toutes ces marches sont de 6 à 7 heures par jour, l'une dans l'autre. Le lecteur, s'il les suit avec attention sur la carte d'Arabie, verra que les troupes romaines ont été obligées, pour gagner la mer, de traverser cette province d'*A'syr* que j'ai fait connaître dans le 1er chapitre, province presque ignorée avant ces derniers temps et remarquable cependant sous plus d'un rapport. Elles ont dû aussi passer par un des cols élevés qui séparent la chaîne de l'Yémen de celle de l'Hedjâz. Ce passage est capital: une faible troupe suffirait pour le défendre contre une armée nombreuse.

Quant à l'itinéraire de la première marche de Gallus, on ne peut donner à la journée la même

---

1 Il est assez remarquable que ce même nom existe en arabe, et est conservé dans le nom de Saba' Byâr, appliqué à une localité d'Égypte.

valeur qu'au retour; non-seulement l'armée était plus nombreuse, mais il y avait un plus grand nombre de malades; l'eau manquait à tout moment; les chameaux épuisés retardaient la marche. On avait été contraint de rester à *Leuce-Come* pendant deux saisons. Le pays gouverné par Aretas, traversé ensuite par l'armée, puis celui d'Ararène, correspondent au Thamoud et au Nedjd; mais la partie sud de ce dernier, surtout en approchant de *Negranes* (Nedjerân) a toujours été, sans doute, comme elle l'est aujourd'hui, un territoire peuplé et cultivé. *Asca* sur le bord d'une rivière, et *Athrulla*, dernière station avant Mariaba, ne peuvent être exactement déterminés, faute de distances, et d'ailleurs la ligne de Nedjerân à Mâreb est encore fort peu connue. D'Anville les a placées à peu près arbitrairement sur sa carte de l'*Orbis veteribus notus*.

Je suis entré dans quelques détails sur l'expédition d'Ælius Gallus, pour faciliter la comparaison des marches de son armée avec les marches récentes des troupes égyptiennes [1]. Ce rapprochement n'est pas plus à l'avantage des Romains que des Égyptiens modernes; mais il ressort de là une remarque ethnographique sur laquelle je dois insister : c'est que les hommes

1 On peut les suivre en partie sur la nouvelle carte.

10.

qui résistent aujourd'hui aux troupes turques, avec tant de persévérance de courage et de succès, semblent être les dignes descendants de ceux qui ont repoussé les Romains il y a dix-neuf siècles.

Après l'exposition qui précède et qui, je l'espère, paraîtra satisfaisante, on ne sait que penser de la comparaison faite par M. Gossellin entre le récit de Strabon et la carte moderne. Il identifie Negranes avec Maaden an-Nokra, Athrulla avec Iathrib, Marsyaba avec la Mecque (Macoraba), les Rhamanites avec les gens des environs de la Mecque, enfin les Minæens et le pays des aromates avec le pays de Carn al-Manazil (à deux journées aussi de la Mecque). Il n'y a pas, selon moi, une seule de ces assimilations qui ne soit en contradiction ouverte, et avec le terrain, et avec Strabon même[1]; je crois superflu de relever ce qu'elles ont de défectueux, et je me borne à renvoyer à la nouvelle carte d'Arabie.

Diodore de Sicile, qui rapporte sur la richesse de l'Arabie presque les mêmes choses que Strabon, ne fournit presque rien pour la géographie ancienne. Mais *Pline* cite un assez grand nombre de villes de l'intérieur; plusieurs de ces

[1] Les *Minæens*, l'une des *quatre nations situées à l'extrémité de l'Arabie*, habitaient *vers la mer Érythrée*, l. xvi, p. 768.

villes étaient très-grandes ; par exemple, chez les Catabani et les Gemanitæ on citait Nagia, et Tamna, comptant soixante-cinq temples : *pluribus oppidis, sed maximis, Nagia, et Tamna templorum* LXV. Sobotale (Sabota *ou* Saboea) avait soixante temples enfermés dans ses murs. Cette dernière ville était la capitale des *Atramitæ* : *Atramitæ quorum caput Sobotale LX templa muris includens.*

Nariaba (ou Mariaba), la première métropole de toutes (*regia tamen omnium*), avait six milles de tour [1] ; il dit ailleurs : *Mariaba significat dominos omnium.*

Selon Pline, c'est à Caripeta qu'Ælius Gallus s'est arrêté (*Caripeta quo longissime processit*), après avoir saccagé *Negranan*, *Nestum*, *Escan*, *Magusum*, etc.

On voit que Pline a travaillé sur des matériaux différents de ceux des autres auteurs ; cependant on remarque dans sa description, des noms de peuples qui sont communs à leurs récits, tels que les Minæens, les Cattabanes, les Homérites et les Sabæens, dont le pays était le plus célèbre de toute l'Arabie à cause de l'encens, et encore les Chatramotites. Les Sabæens, dit Pline, étaient les plus riches de tous par l'or qu'ils possédaient, par leurs forêts d'arbres odoriférants,

1 Pline, lib. VI, cap. XXVIII.

par la fertilité de leurs campagnes, et par une grande abondance de cire et de miel. Je ne pense pas que les *Atramitæ* fussent différents des *Chatramotitæ*, quoique Pline semble distinguer les premiers en nommant leur métropole Sabota, et non celle des derniers [1]. L'Hadramaut d'aujourd'hui est le même pays. Ils confinaient aux Minæens [2]; à ceux-ci appartenait une ville de 14 milles d'étendue [3]. On voit encore dans Pline un nom de peuple qui rappelle ceux de Strabon et de Ptolémée, quoique altéré: c'est *Rhamei* (ou Rhamnei, ou Rhadamei). Quant aux villes communes, outre celles que

[1] Je conjecture que *ChatraMOTitæ* vient de *ChatraM-Mitæ* (MOT pour MM); peut-être il en est de même des *chatraMONitæ*, bien que Ptolémée les place très-loin, et distingue leurs métropoles. De *Chatramonitæ* viennent peut-être les *Ramanitæ* de Strabon, d'autant plus qu'il existe un nom de *Manitæ* dans Ptolémée (*Chatra-monitæ*). On voit que la géographie ancienne de l'Arabie est un peu confuse et compliquée; selon toute apparence, Ptolémée a distingué des peuples ou des lieux identiquement les mêmes.

[2] *Atramitis in Mediterranea junguntur Minæi* (Plin. lib. vi, cap. xxviii).

[3] *Minæi quorum Charmæi, oppidum XIIII mille pass.* (*ibidem*). Il faut distinguer ce lieu de *Charmæi* de celui de *Charmota*, qui d'ailleurs se rapporte, dans Strabon, à une ville maritime.

j'ai nommées, on peut citer encore Carnon, Ne-
gran, Escan, etc. Dans un passage de l'auteur,
au nom de Mariaba est accolé celui de *Baramalacum*, évidemment corrompu, mais qui se
rapporte à une ville de quelque importance [1].

Nous voyons que Strabon, Pline et Ptolémée s'accordent à regarder les *Sabæens*, les *Minæens*, les *Gerrhæens*, les *Hatramites* (ou Cha-
trammites), comme des nations puissantes; il
en était de même des *Cattabanes*.

Entre Strabon et Pline, aucune expédition romaine ne fut envoyée en Arabie [2]. Le souvenir
du désastre de Gallus avait laissé des traces profondes, et arrêté sans doute les vues ambitieuses de
Rome; car les motifs puissants qui avaient dirigé les desseins d'Auguste existaient sous ses
successeurs; Strabon les expose clairement, et
en montre toute la force. Pline vient à l'appui
en disant la cause de la richesse des Arabes [3].

Les îles voisines de la côte orientale contri-
buaient à cette richesse, et notamment Tylos,

1. *Mariaba Baramalacum*, *et ipsum non spernendum*
(*ibid.*). On lit aussi *Mariaba Palmalachum*.

2 Du moins, Pline ne fait mention d'aucune autre.

3 *In universum gentes ditissimæ, ut apud quas maxime
opes Romanorum Parthorumque subsidant, vendentibus quæ
è mari aut sylvis capiant, nihil invicem redimentibus*
(*ibid.*).

aujourd'hui Bahreyn, où, de tout temps, on a pêché les plus belles perles. La renommée des îles était très-ancienne, puisque Pline ajoute qu'une d'elles renfermait des stèles couvertes de caractères inconnus [1].

C'est en vain, il me semble, que des esprits sceptiques ont nié l'existence des anciennes villes de l'Arabie, ou son antique prospérité. Ce que nous dit d'une commune voix toute l'antiquité fût-il exagéré, on voit les auteurs arabes les plus graves, comme l'Edricy, apporter un témoignage tout semblable, à propos des temps passés ; on ne peut guère les rejeter tous systématiquement. Voici comment s'exprime cet écrivain judicieux à propos de Sanâ' : « C'était jadis la résidence des rois de tout l'Yémen, et la capitale de l'Arabie ; les rois y possédaient un palais aussi célèbre que vaste et bien fortifié ; ce palais est aujourd'hui ruiné ; il n'en reste que les débris qui forment une haute colline [2]. Ces mots semblent se rapporter précisément à l'ancien palais des rois que Strabon décrit, et où le monarque était comme relégué ; ce monument, encore debout au Ier siècle, devait être

---

1 *Celebres vero insulæ Isura*, *Rhinnea et proxima*, *in quâ scriptæ sunt stelæ lapideæ* literis incognitis.

2 Premier climat, sixième section, page 5o de la traduction française.

ruiné, en effet, au XIIe, après l'occupation des Éthiopiens, les guerres de religion et les invasions des Perses.

Je remarque un nom de *Sabo*, donné aux montagnes d'Arabie qui resserrent l'entrée du golfe Persique; aujourd'hui ce nom existe encore sous la forme de *Assab*, avec l'article, comme l'ajoutent assez ordinairement les Arabes aux noms antiques. Mais ce qui est singulier, c'est que Ptolémée dit aussi *Assabo*, comme les modernes.

Ceux qui ont traité de l'ancienne géographie arabique n'ont pas entrepris de chercher la vraie position de tous les lieux compris dans la description de Ptolémée; ce serait, en effet, une tentative infructueuse. On est comme confondu en lisant dans cet auteur, pour la seule Arabie heureuse, l'énumération de 56 peuples différents, 170 villes, ports et bourgs, dont 6 métropoles et 5 villes royales, 13 montagnes, 4 fleuves ou rivières [1]. Aucun secours ne peut suffire à débrouiller cette sorte de chaos; et, quant aux chiffres des positions géographiques, ils ne peuvent servir qu'à fausser toutes les recherches, un grand nombre étant viciés par les

---

[1] Sans compter trente-trois îles, ni les promontoires et les golfes secondaires.

copistes, au point de sembler jetés au hasard. D'Anville, et, depuis, Reichard, comme les autres géographes modernes, se sont bornés, et ils ont bien fait, à déterminer seulement plusieurs points; encore en est-il qui souffrent difficulté. Asca et Athrulla [1], dans l'*Orbis vetus* de d'Anville, sont placés arbitrairement. La carte de Reichard distingue Mariaba, Maraba, Sabe, qui probablement répondent au même lieu de Mâreb.

C'est pour ce même motif que j'ai moi-même restreint mes recherches au petit nombre de lieux qu'on pouvait reconnaître avec sûreté. Ce que je regrette le plus est de n'avoir pu éclaircir ce qui regarde l'ancien état des cours d'eaux. Ptolémée cite quatre fleuves ou rivières; rien, dans nos connaissances actuelles ne répond à cette nomenclature hydrographique. La plus importante de ces rivières qu'on connaisse aujourd'hui est l'Aftan, que j'ai montré, dans le chapitre premier, pouvoir faire suite au torrent de Bychéh, et qui traverse presque en entier la péninsule.

Si, dans une recherche difficile et ingrate, j'ai pu ajouter ou rectifier quelque chose

---

[1] On trouve dans Ptolémée le lieu de Trulla, mais c'est un port de mer.

aux résultats acquis par mes devanciers, j'en suis redevable aux lumières qu'ont répandues sur la géographie physique de l'Arabie, les expéditions récentes des Égyptiens. C'est aux explorateurs habiles, qui se préparent à traverser en tout sens cette péninsule, à donner, de son ancienne géographie, un tableau plus complet; j'ai dû me borner à esquisser un tracé de toutes les anciennes positions que j'ai passées en revue, mais, sans pouvoir adopter l'opinion de M. Gossellin, opinion qu'a partagée à la vérité M. le baron Silvestre de Sacy, mais à une époque déjà ancienne, en un temps où l'on savait bien peu sur l'Arabie intérieure [1]; c'est qu'en effet la mar-

1 Voyez le mémoire de M. de Sacy *sur divers événements de l'histoire des Arabes avant Mahomet*, dans le tome XLVIII des Mémoires de l'Académie des inscriptions, pag. 514. Tout le système de M. Gossellin, qu'il paraît avoir adopté, repose sur une pure hypothèse, à savoir que Carna de Strabon (peut-être Carnus de Ptolémée) est le même lieu que Karn el-Manazil, ville à deux journées de la Mecque. M. Gossellin a emprunté cette supposition à Bochart (Phaleg., tom. II, c. XXII), qui cependant ne donne son opinion que pour une conjecture. Au reste, on remarque une contradiction entre deux passages du savant mémoire. «.... On a quelque lieu de douter si Mareb ou Mariaba «est la même ville que Diodore de Sicile nomme Saba....», (p. 105); et, plus loin, «.... Je suis porté à croire que « Mareb et Saba n'ont été originairement qu'une seule et

che d'Ælius Gallus s'applique trop clairement au local, tel qu'on le connaît aujourd'hui, pour permettre d'hésiter. Il suffit de lire le lieu de *Negrân* sur la carte moderne (et il n'est pas possible de méconnaître Negranes dans Nedjrân d'aujourd'hui, نجران, pour fixer tout l'itinéraire, ou du moins la limite des marches de l'expédition romaine. En résumé, aucun géographe attentif, discutant ces marches, et se guidant par les découvertes récentes, n'admettra que les Romains se soient arrêtés à la Mecque. D'ailleurs, le général romain n'était plus qu'à deux jours du pays des aromates, de la région *myrrhifère intérieure* de Ptolémée. Or, rien n'autorise à avancer que la myrrhe et l'encens aient jamais été récoltés à deux jours de la Mecque. Je dois renvoyer ici à la discussion précédente, et seulement répéter que ni le périple d'Agatharchides, ni celui d'Arrien, n'autorisent l'explication que M. Gossellin a donnée des passages de Strabon et de Pline.

On doit bien regretter que les auteurs qui ont rapporté les expéditions romaines faites en Arabie depuis celle d'Ælius Gallus, c'est-à-dire sous Tra-

« même ville .... » Puis vient une autre explication encore, savoir : que le nom de *Saba* aurait convenu plus spécialement à la ville, et Mâreb au château ou à la citadelle qu'habitait le souverain du pays.

jan, sous Marc-Aurèle, sous Sévère, sous Macrin et leurs successeurs, aient négligé d'en donner l'itinéraire. On aurait trouvé, sans doute, dans leurs récits, de quoi éclaircir cette histoire de l'Arabie anté-islamique, qui a tant exercé les savants, et qui semble destinée à rester obscure. Caius César, une fois consul (l'an 1er de l'ère chrétienne), fit la guerre aux Parthes, mais on croit qu'auparavant il avait fait une expédition dans l'Arabie heureuse. Il est certain qu'il porta les armes jusqu'à Carax sur le golfe d'Arabie (le Nain de Tillemont, Histoire des empereurs, tome 1er, page 134). Une expédition de Cornélius Palma soumit l'Arabie pétrée à Trajan en l'année 105, et une autre, de Trajan lui-même, porta les armes romaines jusque dans l'Arabie heureuse. En effet, selon Dion, il poussa jusqu'à l'Océan, ce qui ne peut s'entendre que de la mer qui baigne le côté sud de la péninsule.

Au rapport d'Arrien, un poste romain était établi à Leuce, et y percevait un droit égal au quart des marchandises qui entraient dans ce port. Cette position était peu avancée dans le pays; mais le même Arrien parle ensuite d'une ville de la côte méridionale, nommée, comme le pays même, *Arabie heureuse*, et que le commerce, dit-il, avait rendue jadis très-riche, il ajoute : « Peu avant notre temps, *César l'a rui-*

« *née*, et ce n'est plus qu'un bourg [1]. » On voit si M. Gossellin était autorisé à affirmer que les armées romaines n'ont pas dépassé les environs de la Mecque. (*Recherches sur la géographie des anciens*, p. 114 et suiv.)

L'histoire nous parle ensuite d'une expédition de Cassius en Arabie, en l'an 170, sous Marc-Aurèle. Dion ne rapporte pas quel fut le théâtre de cette guerre, qui cependant paraît avoir été considérable. Sous l'empereur Commode, on voit les Sarrasins mettre en déroute les troupes romaines. Sévère fit aussi la guerre aux Arabes, et parcourut l'Arabie heureuse; le Nain de Tilmont range l'expédition sous l'an 195; il faudrait la porter à 198, d'après Hérodien, ou à 199, d'après la chronique d'Eusèbe; Victor et Eutrope la représentent comme la première époque de la soumission des Arabes; mais, en réalité, l'Arabie ne fut jamais soumise complétement. Dix - huit ans après, il fallut encore combattre ces peuples; l'empereur Macrin, en 217, eut besoin de toute la valeur de ses troupes pour en triompher.

Aucune de ces expéditions n'a eu d'effet durable; le pays a, en quelque sorte, toujours protesté pour sa liberté, par une résistance opiniâtre. Il

[1] Ἐστὶν εὐδαίμων Ἀραβία, κώμη παραθαλάσσιος..... νῦν δὲ οὐ πρὸ πολλοῦ τῶν ἡμετέρων χρόνων Καῖσαρ αὐτὴν κατεστρέψατο (Arriani.... quæ supersunt... Amstelod. 1683, p. 156.)

n'y a que l'Arabie pétrée, et une partie de la côte qui lui confine au midi, qui aient été assujetties réellement à l'administration romaine; et encore l'histoire mentionne de continuelles expéditions qui n'avaient d'autre objet que de repousser les attaques et les invasions des *Sarrasins* [1]. C'est ce qu'on a vu sous Dioclétien en 289, sous Constance en 353, sous Julien en 363, sous Valens en 373, sous Théodose II en 411 et en 421, sous Anastase en 498. Depuis, presque toujours vaincus par suite de leurs dissensions intérieures, mais jamais subjugués, ils s'allient avec les Perses; ils attaquent la Syrie, puis les rives du Nil, puis celles de l'Euphrate. Il s'en faut donc bien qu'on puisse dire que jamais l'Arabie ait, en aucun temps, subi complétement la domination étrangère.

« On doit remarquer, dit Diodore de Sicile « (liv. II, c. 1), que la nation des Arabes, ja- « louse de sa liberté, ne voulut dans aucun « temps reconnaître de chef étranger; et c'est « pour cette raison que dans la suite, ni les rois « de Perse, ni même ceux de Macédoine, mal- « gré toute leur puissance, ne purent jamais

[1] Quoique le nom des *Sarrasins* ne soit pas étranger à Pline et à Ptolémée, et qu'ils aient fait parler d'eux sous Marc-Aurèle, ce n'est que sous Commode, vers l'an 191, qu'il en est question, à proprement parler, dans l'histoire (voir le Nain de Tillemont).

« parvenir à la soumettre[1]. » L'auteur répète jusqu'à trois fois que, de mémoire d'homme, les
Arabes n'ont jamais été asservis (l. II, c. 48, et
l. III, c. 47).

L'histoire, il est vrai, dépose des continuelles
guerres civiles qui ont existé entre les peuples
de l'Arabie ; elles expliquent assez quelle fut la
cause de leurs échecs partiels, et en même temps
pourquoi la nation ne fut jamais rangée tout
entière sous une même loi ; mais aussi ces riva-
lités violentes ne les ont jamais empêchés de
s'unir contre l'ennemi commun ; c'est un fait qui
est comme vivant sous nos yeux. On a vu encore
sous les Romains (et c'est une circonstance qui
s'est renouvelée de nos jours) des tribus arabes
fournir des auxiliaires aux troupes de l'empire,
et même à deux partis opposés. Ces troupes,
disent les historiens, étaient d'une rare vaillance.
Des postes romains, formés de cavalerie indi-
gène, étaient établis sur quatre points de la
province d'Arabie : c'est ce que nous apprend la

---

1 Traduction de M. Miot. Le récit que fait l'auteur au
liv. 1ᵉʳ ne prouve pas que Sésostris, dans l'expédition faite
du vivant de son père, ait asservi les Arabes d'une manière
permanente ; il se borna à une expédition faite en
courant ; c'est ce qui résulte des expressions de l'historien.

Notice de l'Empire [1]. Une cohorte d'Arabes, *tertia fælix Arabum*, était campée sur la rivière d'Aphar (Saphar), près d'Aréopolis (Moab); cette cohorte était confiée à des généraux choisis et éprouvés. Il y avait encore parmi les meilleures troupes les *Equites Thamydeni*. Vingt et un postes romains, dont deux légions, étaient établis en Arabie, et comptaient 4,000 fantassins avec 1,300 cavaliers.

En résumé, les attaques des Arabes contre l'Égypte romaine n'ont pour ainsi dire jamais été interrompues; et lorsqu'au septième siècle, Amrou est venu combattre les troupes d'Héraclius, armé, il est vrai, au nom d'une religion nouvelle, il ne faisait que continuer les invasions et les attaques incessantes des Sarrazins, commencées dès la fin du second siècle. C'est en vain qu'au seizième les Ottomans ont subjugué les Arabes

[1] *Notitia dignitatum utriusque imperii*, etc. (fol. 93 et suiv.)

L'Arabie septentrionale, sous Dioclétien, était gouvernée par un *dux* et par un *præses*, c'est-à-dire, un commandant militaire et un chef civil. Un seul homme pouvait cumuler ces fonctions : Justinien réunit les deux charges et institua un gouverneur unique. Sur les incursions des Sarrazins et sur les vicissitudes de l'Église chrétienne d'Arabie, voyez l'*Histoire du Bas-Empire*, par Lebeau, tom. VIII (nouvelle édition), et les notes de M. Saint-Martin, p. 44 à 68.

d'Égypte et guerroyé avec ceux de l'Yémen : le jour de la réaction semble être venu; la grande expédition des Français en a donné le signal, et le moment n'est pas éloigné, peut-être, où la nation va reprendre une existence propre et indépendante, appuyée cette fois sur les lumières de l'Occident.

§ VI. ETHNOLOGIE [1].

J'aborde un sujet presque neuf, et qui exigerait, pour être traité d'une manière satisfaisante, les développements les plus étendus, et même des recherches spéciales, faites pendant plusieurs années sur le sol de l'Arabie centrale. Certes, le moment n'est pas venu où un voyageur pourra explorer à loisir avec une entière sécurité le Mahrah, l'Hadramant, l'Oman et le Haça, comme aussi l'Yémen, l'A'syr oriental et le Nedjd; à plus forte raison est-on loin de pouvoir recueillir les observations, coordonner les faits, rapprocher les résultats. Toutefois, est-il absolument impossible de jeter, dès aujourd'hui, quelques jalons sur cette route? Je ne le pense pas. Des aperçus fondés sur les faits connus seraient-ils tout à fait sans utilité pour guider les voyageurs, et porter leur attention sur les problèmes à résoudre? Non sans doute. Les savantes questions de Michaëlis

---

1 Voyez, page suivante, l'acception que je donne à ce mot.

sur l'Arabie sont un livre justement estimé ;
mais peut-être n'a-t-il pas dirigé les voyageurs
danois vers un sujet qu'ils auraient dû étudier,
sinon de préférence, du moins à l'égal des plus
importants : je veux parler de la description et
de la distinction, soit sous le rapport moral et
social, soit sous les rapports physiques, de toutes
les tribus et familles qui habitent la Péninsule.
Car il ne faut pas perdre de vue, maintenant que
la connaissance extérieure du globe et de ses
productions a fait d'immenses progrès, que la
connaissance de l'homme est le but final des
sciences géographiques. Une carrière non moins
vaste que la première est ouverte au génie des
voyages ; il importe, il est urgent même, pour
l'avenir de l'espèce humaine et pour le besoin de
l'Europe surtout, de connaître à fond le degré de
civilisation de toutes les races; de savoir exactement en quoi elles diffèrent ou se rapprochent;
quelle est l'analogie ou la dissemblance entre leurs
régimes, leurs mœurs, leurs religions, leurs langa-
ges, leurs arts, leurs industries, leurs constitu-
tions physiques, afin de lier entre elles et nous
des rapports plus sûrs et plus avantageux. Tel
est l'objet de l'*ethnologie*, ce qui est la science
même de la géographie vue dans son ensemble
et dans toute sa haute généralité. Bien que cette
matière ainsi envisagée soit presque toute nou-

11.

velle, nous ne pouvons trop, néanmoins, recommander les observations de cette espèce au zèle
des voyageurs; eux-mêmes, ils ne peuvent donner
trop de soins, déployer trop d'intelligence et d'activité, rassembler trop de matériaux, observer
enfin avec une attention trop scrupuleuse, toutes les branches des études locales que je viens
d'indiquer. Elles demandent, je l'avoue, des
connaissances spéciales; elles exigent même
deux espèces d'observateurs distincts : *les savants* qui étudient les productions du sol, les
langues, la physionomie morale, l'histoire et la
géographie du pays; et *les artistes* qui savent
retracer par le crayon l'image des races, l'aspect
de la nature physique, les monuments des arts,
enfin tout ce qui est pittoresque et du ressort de
l'art du dessin.

Certes on doit commencer par rendre hommage à Carsten Niebuhr qui, sans y être provoqué par ses instructions, s'est efforcé de faire
connaître l'état social des Arabes partout où il
a pu pénétrer, et qui a recueilli même une moisson abondante d'observations, bien que, de
son temps, on ne pût pénétrer qu'à une petite
distance du littoral. L'Yémen était presque
ignoré avant lui : le premier, il l'a fait connaître;
mais aujourd'hui, on a visité bien d'autres régions de l'Arabie, et l'on s'est mis en rapport avec
les indigènes des parties intérieures de la Pénin-

sule. Un homme non moins habile peut-être, et plus versé que lui dans l'arabe, le cheykh Ibrahim (Burckhardt) a pénétré assez loin dans l'Hedjâz; il a interrogé les habitants, scruté les traditions; il a raconté les événements contemporains; il nous a introduits au milieu de scènes diverses, et nous a fait converser en quelque sorte avec une foule de figures vivantes, familiarisé comme il l'était avec la langue du pays et les divers dialectes; en un mot, il a complété Niebuhr pour l'Hedjâz.

Mon dessein n'est pas de montrer les résultats de toutes ces investigations, ni de celles de l'espagnol Aly-Bey et des autres voyageurs : cette entreprise serait au moins superflue; je me propose seulement de rechercher quels rapports ont existé, et existent entre les populations de l'Arabie, et celle de l'Égypte (ou plutôt celle des rives du Nil). Est-il nécessaire d'avertir que, dans cette étude du pays, sous le rapport physique et sous le rapport moral, je ne puis traiter qu'une partie des sujets précédemment indiqués? Les matériaux existants ne permettraient pas de les embrasser tous.

Beaucoup d'opinions ont été produites sur les sources de l'ancienne population égyptienne et sur sa destinée. Les uns l'ont regardée comme anéantie; les autres l'ont retrouvée dans les

Coptes modernes ; ceux - ci l'ont considérée comme ayant son origine dans la Nigritie, ceux-là comme éthiopique pure ; d'autres encore l'ont fait venir de l'Inde. Quelle opinion est plus répandue que celle qui fait descendre, par degrés, le long de la vallée du Nil, les habitants de la région supérieure du fleuve? Aucune de ces solutions ne me paraît admissible. L'opinion que j'ai embrassée, je l'ai conçue dans la Thébaïde même, et non loin des cataractes. Toutes les observations postérieures sont venues la confirmer : je l'ai moi-même produite il y a long-temps, il me reste à l'exposer avec quelque détail.

L'antique race n'est pas éteinte; les Coptes ne représentent point l'ancienne population de l'Égypte; cette population n'était point nègre; le sang éthiopien n'y est entré que pour une faible part. Enfin, selon moi, elle existe encore intacte, aux limites de l'Égypte supérieure, et elle n'est autre que la race qui peuple l'Arabie orientale et méridionale. L'Arabie a été de tout temps, et elle est encore de nos jours l'aliment de la population égyptienne.

Avant d'entrer dans les développements que cette thèse comporte, examinons la nature des deux pays et celle des climats. Il est impossible que les conditions de sol, de température et de constitution physique du pays n'aient pas

une grande influence sur les indigènes et leurs
habitudes. Or, si on considère l'ensemble de la
région tropicale, à l'ouest du golfe Persique,
on est frappé de l'analogie existant entre les
contrées qui forment ce vaste espace. Cette zone,
à prendre du 10ᵉ au 30ᵉ parallèle nord, est presque
homogène, et n'est interrompue que par la mer
Rouge et par la vallée du Nil; ce sont, à deux
exceptions près, ou des montagnes plus ou moins
stériles, ou bien de purs déserts, qui en occupent
la surface. En Asie ce sont les déserts sablonneux
d'Ahqâf. En Afrique, ce sont, d'un côté, les rochers arides qui séparent le Nil de la mer Rouge;
de l'autre, les sables du Sahara : il faut ajouter
quelques parties élevées de l'Arabie, susceptibles
d'être cultivées, et naturellement productrices.
Dans cette immense zone, soumise à la température la plus élevée, quel est le territoire fertile par excellence, et presque le seul qui le
soit ? La vallée du Nil; il n'y en a pas d'autre.
Depuis le moment où il a été cultivé et est devenu riche en céréales, il a été comme le point
de mire, et le rendez-vous des populations arabes. Aucun obstacle naturel ne s'opposait à leur
marche. Ils trouvaient partout, sur la route, un
sol conforme à celui du pays natal; le chameau
asiatique trouvait aussi, à l'occident de la mer
Rouge, le même terrain qu'il était habitué à fou-

ler à l'orient. Le mouvement de migration dont je parle existe encore de nos jours, il n'a peut-être jamais cessé entièrement ; il n'est que la suite de celui qui a commencé à une époque immémoriale.

Physionomie, ou caractère physique.

Tout voyageur qui aura examiné attentivement le caractère de figure des fellahs à Esné, à Edfoû, à Ombou, ceux qui cultivent les champs, comme ceux qui pour les arroser élèvent les eaux du Nil à l'aide du delou ; ou quiconque aura considéré les cheykhs des villages dans une très-grande partie de la haute Égypte, aura été frappé du type arabe empreint sur leur physionomie. Voici les traits qui le constituent : le visage ovale allongé ; le front haut et large, découvert et un peu fuyant ; le nez prononcé, droit ou un peu aquilin ; le sourcil long et droit ; l'œil noir, enfoncé, brillant ; les pommettes saillantes ; l'oreille bien faite ; la bouche grande, régulière, bien formée, la lèvre légèrement bordée, le menton carré ; les cheveux assez ordinairement frisés, mais non laineux ; les dents blanches, égales et bien rangées ; le cou fort ; la peau sèche, enfin la taille médiocre et le corps souvent grêle. Or, tel est le type des Arabes de l'Hedjâz et de l'Yémen, et celui des Arabes errants, qui peuplent les déserts à l'est et à l'ouest de la vallée du Nil. Tels sont les Arabes Beny-Ouâsel, comme les Aoulad-a'ly; tels sont les Djahmeh, les Bily, les A'ydy, les Terâbyn, les A'nazéh, les Haouârah; tels encore les Arabes Chaykiéh de la Nubie moyenne; il faudrait nommer presque toutes les tribus.

Si on cherche ce même type au Kaire, ou parmi les Égyptiens du pays inférieur, on trouve qu'il y est plus rare, mais non absent tout à fait. Les plus anciennes familles des ulema's et des cheykhs le portent visiblement [1].

Maintenant, ce caractère de physionomie est identique avec celui qui distinguait les anciens habitants de l'Égypte. Ces hommes (on le sait aujourd'hui) ont transmis leur histoire par le secours des arts, dans les monuments qui couvrent les bords du Nil; or, des dessins, des tableaux, des bas-reliefs, des peintures innombrables montrent les Égyptiens et les étrangers en présence. Dans les représentations de combats, de traités, de cérémonies, on distingue aisément les Égyptiens des Éthiopiens supérieurs,

[1] Voir *Description des Hypogées de Thèbes*, dans mon *Recueil d'observations et de mémoires sur l'Égypte ancienne et moderne*, tom. I, p. 227, et le Mémoire du baron Larrey sur la conformation physique des Égyptiens. *Descript. de l'Égypte*, état moderne, tom. II.

des Persans, des Nègres et des autres peuples lointains. Ce type égyptien se voit encore dans les statues de ronde-bosse, qui abondent en Égypte, il est invariable; c'est surtout celui qui caractérise les momies, dans les hypogées de Thèbes, là où cet ancien peuple, non content de vouloir transmettre ses ouvrages à la postérité la plus reculée, semble avoir voulu se conserver lui-même tout entier. Or, ce caractère de physionomie est celui que j'ai signalé chez les Arabes, c'est celui que j'ai retrouvé dans les fellahs du pays supérieur; l'altération n'existe profondément que dans la basse Égypte, là où les *Roumi*, c'est-à-dire les Occidentaux, se sont établis, et ont presque fait prédominer leur race. Mais il n'y a pour ainsi dire aucune différence dans le haut de l'Égypte, pays moins fertile, où le Nil est comme encaissé par les rochers à pic: le sang n'y a pas été mêlé par l'affluence des Européens. A l'aspect des hommes du territoire d'Esné, d'Ombou, ou d'Edfoû, ou des environs de Selséléh, il semblerait (pour emprunter une image au plus célèbre des écrivains modernes) que les figures des monuments de Latopolis, d'Ombos, ou d'Apollinopolis Magna, se sont détachées des murailles, et sont descendues dans la campagne.

Que dire de ceux qui ont cru que les Coptes représentaient les anciens Égyptiens? Ces écrivains, apparemment, n'avaient jamais étudié le type empreint sur les monuments. Les Coptes, en effet, ont la tête large et écrasée, le front bas au lieu d'un front large et élevé, le nez assez ordinairement camus au lieu d'un nez droit ou aquilin; j'omets les autres caractères. Si l'on demande quelle est la première cause de l'altération du type égyptien chez la nation copte, c'est une question grave, compliquée, que je n'entreprendrai pas d'examiner; je dirai seulement que, comme depuis la conquête d'Amrou, cette nation est restée compacte, fidèle à son culte, et comme elle s'est toujours perpétuée dans le pays, sans perdre ni gagner beaucoup de force ou d'influence, il est probable que, dès le septième siècle, elle était telle qu'on la voit de nos jours, et qu'il faut chercher son origine dans des circonstances qui ont modifié la population égyptienne lors de l'établissement du christianisme.

L'ancienne population était-elle nègre? D'après ce qui précède, à peine devrais-je poser cette question. Il suffit de renvoyer aux peintures égyptiennes, où les artistes ont figuré si nettement les habitants de la Nigritie en présence des nationaux. Il est inconcevable qu'on ait fondé cette opinion sur l'aspect du sphinx des pyramides. J'ai fait voir ailleurs qu'on s'est mépris sur le caractère de cette figure, lui croyant le nez épaté comme chez les Nègres, parce que, tout simplement, le nez a été rompu et a presque disparu. Qu'importerait d'ailleurs cette figure isolée, à côté des milliers de portraits que les Égyptiens nous ont laissés, peints, dessinés ou sculptés ?

J'ai dit que le sang éthiopien entrait pour quelque chose dans la population de l'Égypte; en effet, celle-ci a les lèvres bordées sensiblement et les cheveux naturellement frisés. On ne peut douter que ces caractères résultent du mélange de la race arabe caucasienne avec la race éthiopique; ce qu'il importe de remarquer, c'est que l'un et l'autre sont plus prononcés aujourd'hui qu'ils ne l'étaient autrefois. Les momies présentent très-souvent des cheveux lisses et très-peu crépus : on sent aisément qu'il doit y avoir une multitude de degrés et de nuances dans l'intensité de ces modifications.

Cette observation n'est pas sans importance : il en résulte qu'aujourd'hui le mélange est plus complet qu'autrefois. On sait que les femmes de Nubie, d'Abyssinie, du Darfour, du Soudan, abondent en Égypte depuis plusieurs siècles, et y sont recherchées dans les harems des riches, même dans la classe moyenne; il n'est pas étonnant qu'aujourd'hui, surtout dans les grandes villes, le type de la population soit moins beau qu'autrefois[1]. Combien donc est peu fondée, selon moi, l'opinion de ceux qui regardent l'antique nation égyptienne comme ayant son berceau dans la haute Éthiopie, comme étant descendue par degrés le long du Nil, et pour ainsi dire comme le Nil lui-même, *à mesure que les alluvions prolongèrent son cours!* Idée spéculative et purement théorique, repoussée par tous les faits naturels !

J'aurais dû encore, peut-être, citer l'opinion qui donnait à la race d'Égypte une origine chinoise; sous le rapport physique, elle ne s'appuyait que sur une observation douteuse : on avait cru remarquer comme trait dominant, dans

---

[1] Aujourd'hui qu'il importe tant de repeupler l'Égypte, on devrait le faire à l'aide des tribus arabes de l'est et de l'ouest, et surtout de l'Yémen et de l'Hedjâz; c'est surtout la puissante tribu des A'nazeh et celle des Aoulâd-Aly qu'il faudrait fixer sur les rives du Nil, en leur faisant de larges concessions en territoire et en franchises de toute espèce. Qu'on n'objecte pas l'humeur belliqueuse et oisive des Bédouins. L'Égypte présente mille exemples de guerriers arabes devenus cultivateurs, et même les plus industrieux de tous. Voyez mes *Observations sur les Arabes de l'Égypte moyenne*, 1809, et le *Coup d'œil impartial sur l'état présent de l'Égypte, comparé à sa situation antérieure*, 1836. Voyez aussi mon *Mémoire sur la population de l'Égypte*, et la *Descr. du Kaire*, dans le *Recueil d'Observations*, etc., tom. IV, p. 127, et tom. VI, p. 1 et 63.

les antiques figures égyptiennes, les yeux mon-
tants et relevés. Ce caractère, fût-il aussi cons-
tant qu'il l'est peu, tous les ethnographes s'accordent à le regarder comme insignifiant. Par
une autre raison, je ne dirai rien de la nation
juive, quoiqu'on ne puisse révoquer en doute
son origine arabe; les rapports entre elle et
l'Égypte soulèvent des questions trop complexes
pour s'en occuper.

Il est une remarque que j'ai faite, et que
tout le monde a pu faire il y a longtemps, mais
qui acquiert une nouvelle valeur par les découvertes récentes. Quand on examine les peintures
de batailles qui couvrent les tombeaux des rois
et d'autres hypogées, on remarque que les Égyptiens y sont distingués, par une teinte rouge, de
tous les autres peuples figurés dans ces compo-
sitions. Ce ne peut être sans motif qu'ils se sont
caractérisés eux-mêmes par cette couleur. Or, le
mot *Hemiar*, qui se rapporte à la partie sud
de la Péninsule, a le sens de *rouge* dans l'ancien
dialecte des Arabes, selon M. Fresnel, comme
ahmar, dans l'arabe actuel. On sait aussi que
ce mot *hemiar* est le nom d'un des premiers rois
de l'antique dynastie qui a régné sur l'Yémen, et
qu'il est l'origine du nom des *Homérites*. Cet accord ne peut être tout à fait fortuit : il me semble
indiquer que l'Arabie méridionale a été, plus

spécialement que l'Hedjâz et le pays du centre, le berceau et la souche de la race égyptienne.

Je terminerai ce qui regarde la constitution physique de la population égyptienne par quelques mots sur une collection de portraits que j'ai formée, d'après les jeunes Égyptiens transplantés à Paris en 1816, au nombre de cent sept [1], pour y être instruits, sous ma direction, dans les sciences et les arts. Je ne dirai rien des Arméniens, des Géorgiens, des Circassiens, des Osmanlis, et autres, qui ont fait partie de la première mission, et qui portent naturellement tous les caractères de la race caucasienne; mais je m'attacherai aux sujets arabes, choisis par le gouvernement égyptien dans la classe des fel-

[1] Il faudrait y joindre six Éthiopiens des rives du Bahr-el-Abyad, du Kourdfân, et autres contrées reculées, enfants qui m'ont été confiés par mon estimable ami, le chevalier Drovetti, alors consul général en Égypte, à qui la France et la civilisation doivent tant de reconnaissance pour les éminents services qu'il leur a rendus. Les facultés de ces jeunes gens se sont trouvées inférieures à celles des Égyptiens d'une manière notable, c'est ce que je ne puis dissimuler : mais il est d'autres exemples, comme celles d'un certain Aly, Abyssin, adopté par le docteur Clot-Bey, et qui avait fait des progrès aussi rapides que les Égyptiens. J'en espère autant aujourd'hui du jeune Ouarè, Galla, natif du pays de Limmou situé par le 6e degré de latitude nord. Les portraits et bustes de ces Orientaux seront reproduits par la lithographie.

lahs, celle des marchands et artisans, enfin celle des cheykhs et ulema's, nés dans la basse Égypte, ou au Kaire, ou dans les parties inférieures du Sa'yd.

Bien que ces localités ne soient pas celles où l'ancienne race s'est le mieux conservée, cependant j'ai trouvé dans la *colonie égyptienne* un bon nombre d'individus dont la tête est parfaitement conforme au type ancien : visage ovale allongé, front spacieux, crâne volumineux, bouche grande et bien formée, les pommettes saillantes, le trait du nez régulier et bien prononcé, le menton carré.

Il est plusieurs de ces têtes qu'il suffirait de coiffer, ou d'habiller à la manière antique, et de mêler ensuite aux figures des bas-reliefs ou des peintures de Thèbes, pour qu'il fût impossible de les discerner[1]. C'est le motif qui m'a engagé à recueillir cette suite de portraits d'après nature, et même des bustes moulés sur le vivant. Un de ces jeunes gens est né au Kaire, de mère égyptienne et de père turc ; on le distingue aisément au milieu de ses compagnons. Quant à l'aptitude, et aux facultés morales et intellectuelles de ces jeunes gens, ce n'est pas le lieu d'en traiter ; qu'il me suffise de dire ici qu'ils ont déployé pour la plupart

1 Voy. *Recueil d'Observations*, etc., tom. I, p. 3o3 et suiv.

des facultés remarquables[1]. Au reste, je vais exposer généralement les traits de la physionomie morale des indigènes, sans oublier les défauts qui déparent leurs qualités.

Caractère moral.

De l'examen du caractère physique de la race égyptienne, je passe à l'étude du caractère moral qui la distingue; on y trouvera de nouveaux indices confirmant son origine. Si j'ose tenter cette recherche, ce n'est pas sans avoir longtemps approfondi le sujet, sans avoir multiplié les moyens de rapprochement. Citerai-je les circonstances favorables où je me suis trouvé et que j'ai pu mettre à profit, en me livrant à des études assidues et comparatives, qui remontent à plus de quarante

1 Aujourd'hui, plusieurs occupent des fonctions éminentes: deux ont présidé le conseil d'État ou grand divan du Kaire; deux ont été ou sont ministres de l'instruction publique et de la marine; trois, membres du conseil d'État; plusieurs, chargés des travaux publics, employés à l'école d'artillerie, aux ponts et chaussées, etc.; d'autres professeurs ou répétiteurs des sciences mathématiques, de géométrie, d'arts chimiques, des sciences médicales, d'agriculture, de géographie et d'histoire; d'autres, directeurs de manufactures, professeurs de dessin, graveurs, lithographes; un grand nombre officiers dans les armées, des capitaines de vaisseau, des ingénieurs, etc., sans parler des artisans et industriels. (Voyez Journal Asiatique, 1828, et diverses notices).

années ? Je le crois superflu. Dès le moment où j'ai pu observer, sur les lieux, la nature morale des Égyptiens modernes, en apparence si dégénérés de leurs ancêtres, je l'ai fait ; j'ai trouvé qu'on rabaissait cette nature, qu'on la calomniait. Un examen attentif m'a convaincu de leur aptitude intellectuelle, comme de leur dextérité dans les arts ; et alors, tous les défauts qui gâtent ces dons naturels, je les ai regardés comme les fruits amers de la servitude ; cette dégradation, quoique déjà vieille de bien des siècles, je l'ai envisagée comme un accident passager, comme un effet qui devait cesser avec sa cause. L'invasion d'un peuple civilisé devait être le signal du réveil de l'Égypte ; c'était le choc électrique qui devait précéder sa transformation : le temps l'a opérée et développée.

Mais ce mouvement n'aurait pu s'exercer sur une masse inerte et inintelligente, si le vieux sang national eût totalement disparu, si les usurpations successives, qui se sont succédé pendant plus de vingt siècles, avaient en effet peuplé le pays d'hommes tout à fait nouveaux et sans analogie avec le passé. Ce n'est pas ce qui est arrivé : l'expédition française de la fin du dix-huitième siècle a rencontré sur les rives du Nil les restes du peuple qui éleva les monuments de Thèbes et creusa les hypogées.

Procédons comme nous avons fait pour le caractère physique des habitants, et cherchons quels sont les traits principaux de la physionomie morale des Égyptiens et des Arabes. L'intelligence, la facilité, la mémoire, l'esprit ouvert, beaucoup d'imagination, et ce désir de connaître qui tient à une curiosité native, c'est ce que j'ai observé constamment chez plusieurs centaines d'Égyptiens, pris au hasard dans la classe des fellahs cultivateurs ou artisans, et soumis à nos méthodes d'enseignement. Ils ont un penchant à l'observation en même temps que de la sagacité, du goût pour les sciences physiques, telles que l'histoire naturelle et la chimie, et en général pour l'étude des phénomènes naturels. On remarque aujourd'hui que, parmi les sciences mathématiques, ils affectionnent la géométrie, dont ils ont besoin dans les arts de construction surtout depuis le progrès des études, mais qui leur a toujours été familière. Ils ont encore une habileté particulière pour l'imitation, et c'est ce qui explique leur dextérité et leur adresse à imiter les ouvrages des étrangers. Quant au caractère, le trait principal est une sorte de gravité apparente, qui dissimule faiblement l'ardeur de l'imagination orientale.

Toutes ces qualités ne sont-elles pas celles que nous admettons chez les anciens Égyptiens, quand nous recherchons quelle est la puissance morale qui leur a fait produire de si grands ouvrages, et que supposent en effet les progrès qu'ils ont faits, le degré auquel ils sont parvenus? Malheureusement plusieurs défauts déparent ces qualités naturelles; la légèreté, la vanité, la mobilité ont succédé à la gravité, à la fixité proverbiales de leurs ancêtres, on peut dire aussi à leur modestie, puisque, avec tant d'admirables monuments d'architecture, d'ouvrages de sculpture, d'inventions de chimie et de mécanique, les noms de leurs auteurs n'ont pas passé à la postérité. Ces défauts amènent avec eux une humeur capricieuse, la paresse ou l'apathie, un esprit enclin à la jalousie, le défaut d'ordre, de suite et de constance; par suite même, l'oubli du bienfait. Ce n'est pas par là qu'ils ressemblent à leurs aïeux, qui avaient élevé une sorte de temple à la reconnaissance. Ne faut-il pas voir là encore une preuve de la proportion croissante du sang éthiopien? Qui ne sait que l'inconstance, le caprice et la légèreté caractérisent la race africaine?

Ce n'est pas d'aujourd'hui toutefois que les Égyptiens passent pour avoir l'humeur difficile : dès le haut empire, ils montraient un esprit remuant, ils refusaient l'impôt, se révoltaient souvent, et bravaient les supplices par opiniâtreté. Toutefois ils sont meilleurs que du temps d'Adrien ; et aujourd'hui, surtout, les Ara-

bes d'Égypte développent des qualités nouvelles,
la patience, la fermeté, le courage, l'abnégation,
qui, jointes à toutes les autres, en feront un jour
le premier peuple de l'Orient, le modèle et l'ins-
tituteur des autres nations, sans craindre aucun
parallèle avec les Persans ni les Indiens, encore
moins avec les Chinois, les Tartares ou les Japonais.
S'il fallait ajouter quelque témoignage à tous ceux
que nous possédons, je citerais ici celui d'un ingénieur français qui a aujourd'hui sous ses ordres une
légion d'ouvriers égyptiens; voici quelques-unes
de ses expressions : « Je n'ai vu nulle part un
« peuple plus soumis, plus résigné, plus intelli-
« gent, plus actif, que le peuple arabe ; avec de tels
« hommes et une tête intelligente, on peut ar-
« river aux plus grandes choses; pour cela il
« faut absolument la paix et la stabilité du gou-
« vernement, deux choses qui n'existent pas. »
Quel que soit l'effet de l'action de la civilisation européenne, je ne pense pas cependant que,
s'exerçant sur une population mal préparée, elle
eût pu produire un effet subit et pour ainsi dire
miraculeux. Il en a été de même à l'apparition
de l'islamisme; ce n'est nullement l'institution
de Mahomet, et la révolution religieuse qu'il a
consommée, qui ont conduit les Arabes aux
progrès qu'on a vus depuis sur les bords de l'Euphrate et du Nil, ou bien à Grenade et en Sicile.
C'est la paix et la puissance politique qui ont

permis aux qualités natives de la race arabe de se produire par de nouvelles œuvres d'intelligence et de savoir. Après la domination des Perses, des Grecs et des Romains, il n'était resté d'elle, en quelque sorte, que ses anciens ouvrages sur les bords du Nil : le califat l'a ressuscitée elle-même.

Après tant de maux essuyés sous le joug tartare et le cimeterre turc, elle se relève une nouvelle fois, sous l'influence des lumières de l'Europe ; mais c'est toujours sur le même fond que le temps travaille. La progression naturelle des choses semble aujourd'hui conduire la nation à une destinée inconnue, qui, peut-être, sera aussi brillante qu'à l'époque première.

Qu'on n'objecte pas les difficultés que la religion oppose à ce progrès. Toutes les conditions sont changées aujourd'hui pour les Arabes, comme pour les peuples même de l'Europe avec lesquels ils sont en contact ; partout, la tolérance a succédé au fanatisme ; chez les Arabes comme chez les Turcs, le frein de la religion est relâché. La croix et le croissant ont déposé leurs vieux ressentiments, et l'ardeur de convertir par la parole, ou par les armes, a fait place à des communications d'une tout autre nature : le commerce et les sciences, voilà les armes des nouveaux croisés, des missionnaires de la civilisation. Les preuves de ce que j'avance sont si mul-

tipliées et si diverses, que je crois aussi superflu
que difficile de les citer toutes. Les Arabes d'Égypte
élèvent des tombeaux aux chrétiens, et, en Europe, les chrétiens aux mahométans; la tolérance du saint-siége même, et les marques récentes de sa bienveillance pour les musulmans,
suffiraient à une démonstration complète.

Degré de civilisation.

Revenons au tableau de l'Arabie ancienne,
pour montrer de plus en plus les rapports étroits
qui lient ce pays avec l'Égypte et les rives du
Nil [1]. Je ne veux pas traiter ici de ce qui regarde
les invasions et la domination des pasteurs en
Égypte : cette question historique est trop vaste
pour être touchée légèrement; mais il n'est guère
possible de ne pas y reconnaître une nouvelle
preuve de l'action continue que les diverses familles de la nation arabe ont exercée sur leurs
voisins. L'Égypte a commencé par être peuplée
par des colons arabes, pasteurs et chasseurs,
qui, bientôt fixés par l'abondance et la fertilité
du sol, ont embrassé l'agriculture. Mais une fois
la vallée remplie, l'état constitué, la population
suffisante pour balancer la production par la

[1] Ludolf a déjà exprimé l'opinion que la population
abyssinienne était originaire de l'Arabie.

consommation, des bornes ont dû être posées
aux immigrations des tribus errantes, guerriers
ou pasteurs. Que leurs invasions aient réussi
une ou plusieurs fois à renverser les obstacles,
c'est un fait qui ne peut être nié raisonnable-
ment et qui est conforme à la nature des choses.
Seulement, il est permis de douter que les pasteurs aient détruit tous les monuments de la
Thébaïde, qu'ils les aient abattus de fond en
comble, et qu'ils aient fait table rase dans toute
l'Égypte. Cette entreprise, pour l'argent et pour
le temps qu'il eût fallu y dépenser, eût été un
travail presque aussi colossal que l'érection des
statues, la construction des édifices, des temples
et des palais de l'Égypte. Il me semble que les
dévastations commises par les pasteurs ont été
prodigieusement exagérées, et qu'on est tombé
à cet égard dans un excès de crédulité.

En revanche, on est tombé dans un excès de
scepticisme en déniant aux anciens Arabes tout
progrès dans la civilisation. On peut dire qu'à
toutes les époques de son histoire, la nation a
donné des signes de son aptitude : ceux qui,
en dernier lieu, en ont douté, et qui ont voulu à
toute force la faire considérer comme ayant été
barbare de tout temps, ont donné une preuve
d'ignorance autant que de déraison. Les hommes
qui, aujourd'hui, sur les rives du Nil, se livrent

avec succès à la pratique de tous les arts, qui traduisent des livres de sciences, qui font ou suivent des cours d'histoire, de géographie, de mathématiques, qui élèvent des monuments, construisent des bassins, creusent des canaux, exploitent les mines et les carrières, dirigent des établissements d'agriculture et des ateliers de chimie, sont de la même espèce que ceux qui, au onzième siècle, donnaient des leçons de civilisation en Sicile, à Naples, en Espagne [1]; pendant que les sciences et les lettres, encore par leurs soins, florissaient aux rives du Nil, du Tigre et de l'Euphrate. Pourquoi donc rejeter les témoignages des historiens grecs, latins et arabes, quand ils nous affirment que l'Arabie méridionale a possédé des monuments, des arts avancés, une longue suite de rois, et un état prospère?

On a argué d'un passage du Coran pour prouver l'ignorance grossière des Arabes. Mahomet, sans doute, avait raison en adressant le reproche d'ignorance à la région du nord; mais il ne s'appliquait point à l'Yémen.

[1] On sait que, dès le XIe siècle, la civilisation et les sciences des Arabes étaient accueillies en Sicile par le roi Roger, que ses monnaies étaient frappées avec des légendes arabes, que cette langue servait, comme le latin, à la rédaction des actes; des architectes mahométans étaient même employés pour la construction des églises.

Le même esprit de scepticisme s'est montré à l'occasion d'une inscription du second siècle de l'ère chrétienne, publiée en 1773 [1] ; elle fait mention d'un certain *M. Ulpius Castoras,* écrivain ou copiste pour la langue arabe, *librarius arabicus.* Quoi qu'on ait pu dire, elle prouve qu'il y avait au milieu du second siècle, et par conséquent bien avant, des livres arabes, et que les Romains avaient des hommes chargés de rédiger ou de copier des textes écrits en cette langue. Il est vrai que certains écrivains arabes qui nous font connaître les événements de l'Arabie anté-islamique et les dynasties des anciens rois, parlent fort peu du degré de civilisation des époques reculées, et ne disent presque rien de ces richesses des arts dont Ératosthène et Agatharchide, Pline et Arrien, Strabon et Diodore, font un brillant tableau. Les ouvrages de ces écrivains ne nous entretiennent que des luttes et des guerres civiles allumées entre les tribus du nord et du midi, des succès ou des revers des Tobbas, des chants de guerre, ou bien ils nous font la peinture des mœurs patriarcales : pourquoi ces traditions si minutieuses sont-elles muettes sur l'état social antique, sur les monuments des arts, sur ces ouvrages remarquables

[1] *Nova acta eruditorum,* pour 1773.

qu'avaient élevés les rois? L'Edricy parle bien des anciens palais; mais où sont ces détails des auteurs grecs sur la beauté des ameublements, la prodigalité des mosaïques, sur les incrustations des murailles, où les gemmes et l'ivoire étaient mêlés artistement aux métaux précieux, sur les tapisseries éclatantes qui recouvraient le sol des maisons des riches?

Toutes ces merveilles du luxe existaient cependant chez les anciens Arabes, comme chez les Phrygiens, les Babyloniens et les Perses, comme chez les Indiens et les Égyptiens. C'est un fait attesté par l'histoire, et l'on ne pourrait tirer une objection du silence des écrivains arabes. En effet, leurs écrits ne sont autre chose que les *annales des tribus*, uniquement destinées à peindre les faits d'armes des ancêtres, à retracer de glorieux souvenirs, à exciter une émulation belliqueuse. Ces récits sont entremêlés de chants de guerre et de traits poétiques; tout y semble fait pour exalter l'imagination; en un mot, c'est de la poésie plus que de l'histoire, et il ne faut pas y chercher de froides descriptions, ni le tableau des mœurs et de la société civile.

La question principale qui nous occupe, celle des rapports entre l'Égypte ancienne et l'antique Arabie, est éclaircie par ces passages de Strabon et de Diodore de Sicile, où l'on voit que l'Arabie renfermait des temples élevés aux dieux égyptiens. Ces temples n'ont pas été découverts encore par les voyageurs, mais à peine a-t-on pénétré jusqu'à présent, à une faible distance dans l'intérieur de la Péninsule. D'un autre côté, les derniers explorateurs ont déjà reconnu des *hypogées* à la manière égyptienne, monuments souterrains dont les auteurs ont aussi parlé. Quand ceux-ci assurent que les Arabes observaient, pour la construction de leurs maisons et pour la charpente, les mêmes règles que les Égyptiens, on ne peut pas se défendre d'être frappé d'une telle analogie. C'est sans doute le palmier-dattier, arbre commun aux deux contrées, qui servait aux maisons vulgaires, et le *sount* ou acacia, qui est dans le même cas, que l'on employait dans les palais. Comme tout le monde sait les nombreux usages du dattier dans les arts, il est bien superflu de rechercher tous les usages économiques qui, par suite de cette communauté de production, devaient être communs aux deux pays.

Les auteurs mentionnent des stèles antiques trouvées à Tylos (l'île Bahrein d'aujourd'hui); elles étaient écrites en caractères inconnus [1]; c'est encore là un pur usage égyptien.

[1] Voy. ci-dessus pag. 152.

« Les professions, dit Strabon, ne changent
« point dans les familles, mais chacun garde celle
« qu'il a reçue de son père [1]. » Tout le monde sait
que cet usage était observé en Égypte. Mais
il est une opinion attribuée aux Arabes par Strabon, et qui répugne tellement aux mœurs
égyptiennes, qu'il est impossible de l'admettre ou
bien difficile de l'expliquer. « Les morts, dit Stra-
« bon, ne sont à leurs yeux autre chose que du
« fumier. » Tout ce qu'on peut imaginer est qu'il
s'agit de quelque tribu ou peuplade particulière.

Un autre point également étrange est le passage
relatif à l'absence ou à l'extrême rareté des chevaux en Arabie. De tout temps, les Arabes ont
été célèbres par les incursions de leurs cavaliers;
les chevaux arabes sont la race la plus ancienne, la plus noble et la plus généreuse qu'on
connaisse : de temps immémorial, cette race
a peuplé les rives du Nil. Aujourd'hui encore,
les chevaux des Arabes chaykyéh, établis sur le
haut Nil, entre Barbar et Dongolah, sont recher-
chés comme les plus excellents du monde [2].

Religion.

J'ajouterai peu de chose à ce que j'ai dit plus
haut de la religion des Arabes (§ 3). Pendant

[1] Strabon, l. XVI, p. 783.
[2] Voy. la *Nubie* de Burckhardt.

une suite de siècles inconnus, le sabéisme a été
la religion dominante. Le culte seul du soleil et
des astres eût peut-être été celui de l'Égypte,
si, à leur arrivée dans la vallée du Nil, les Arabes n'avaient été frappés d'un phénomène ter-
restre, aussi régulier que la marche annuelle du
soleil, d'ailleurs parfaitement en rapport avec le
cours même de cet astre. A la vue du *Nil* qui commence à s'élever au moment où le soleil est à son
apogée, puis s'accroît, déborde et décroît chaque
année avec tant d'uniformité; à la vue de Syrius
dont le lever héliaque annonçait avec précision ce
phénomène imposant et tout-puissant pour la
vie de l'Égypte, ils ont dû envisager le sabéisme
sous un nouvel aspect, et y introduire un élément nouveau. Alors le dieu Nil s'est identifié
avec le dieu Soleil, et Osiris est devenu le sym-
bole commun des deux pouvoirs protecteurs et
régulateurs de l'Égypte. Ce n'est pas ici le lieu
de développer cette conjecture, qu'il m'est à
peine permis de toucher légèrement; mon
but est seulement d'indiquer qu'en prenant une
nouvelle forme, le culte des Arabes n'a fait
qu'étendre son principe. Plus tard, une idée
religieuse plus élevée, à la portée seulement des
hautes intelligences, est née presqu'à la fois en
Chaldée, en Arabie et sur les bords du Nil, et
bientôt la philosophie s'en est emparée; elle est

l'origine du judaïsme ; la croyance à l'unité de l'essence divine est peut-être une des plus anciennes [1]. Les Juifs, dépositaires de ce dogme, n'ont différé des sectateurs du sabéisme et des philosophes égyptiens, qu'en ce qu'ils l'ont proclamé très-haut, au lieu de le conserver dans les arcanes des temples [2]. C'est ce qui fait que leur nation est bientôt sortie de l'obscurité. Dès avant Auguste, les Juifs attirent les regards des Romains, et bientôt nous les voyons faire partie de leurs expéditions dans l'Arabie intérieure. Rien ne prouve toutefois que leur culte ait jeté des racines dans le pays ; les sectaires Caraïtes, Bédouins juifs et guerriers redoutables, qui parcourent encore aujourd'hui les parties centrales et le nord du Nedjd, donnent

1 Les sectateurs du sabéisme croyaient, en secret, à un Dieu unique, esprit et âme de l'univers, auquel étaient soumis les astres, comme autant de dieux subalternes. Les étoiles fixes n'étaient à leurs yeux que des divinités inférieures, le soleil et la lune, des dieux supérieurs, adorés seulement comme médiateurs auprès du Dieu suprême ; c'est pourquoi ils leur élevaient des statues et observaient assidûment le cours des astres. Ces hommes avaient un grand respect pour les aïeux et ils honoraient l'agriculture. Le sabéisme a passé de l'Arabie et de la Chaldée en Égypte : au temps de Mahomet il était encore en vigueur, et aujourd'hui même il n'est pas éteint tout à fait.

2 Strabon, l. xvi, p. 760.

la mesure des progrès qu'a pu faire le culte des Hébreux dans la Péninsule. Il en a été un peu autrement du christianisme [1]; des églises ont été fondées jusqu'aux extrémités de l'Arabie; à celles dont j'ai parlé plus haut, il faut ajouter celle de Nagara ou Nadjrân; il y en avait même une à Socotora. Les Arabes de Nadjrân se convertirent avant le commencement du sixième siècle.

Le christianisme a fait plus de progrès en Égypte; là, il n'était pas aussi retardé dans ses développements par le caractère difficile et remuant des Arabes : en venant s'établir aux rives du Nil, ceux-ci ont toujours, en quelque sorte, laissé dans la mer Rouge une partie de l'humeur fière et indomptable qui caractérise leur race.

Puis est venu du Hedjâz le mahométisme, qui a étendu sa domination sur tant de contrées, en commençant d'abord par l'Égypte: nouvel exemple de l'influence de l'Arabie sur ses destinées, de la part qu'elle a prise à tout ce qui a modifié ce pays profondément. Jamais elles ne sont restées étrangères l'une à l'autre: première colonisation, fondements religieux, invasions des pasteurs, incursions sous les Romains, fixation des tribus errantes sur le sol de la vallée, enfin,

---

1 Voy. *Oriens Christianus*, tom. II. Sous l'empereur Anastase, ils avaient un évêque; voir ci-dessus, pag. 112.

au septième siècle, irruption d'une population immense, apportant avec elle un dogme nouveau et changeant de face, en peu d'instants, les rives du Nil moyen et inférieur. Ce peu de mots suffit à montrer que, sous le point de vue de la religion, l'Égypte et l'Arabie sont restées dans la même condition d'analogie que sous tous les autres rapports.

Langage.

Trouverons-nous la même analogie dans le langage des deux pays? Il faut avouer que cette question, dans l'état actuel des connaissances, ne peut pas encore être résolue. On paraît admettre aujourd'hui que le langage des anciens Égyptiens n'était pas autre chose que celui dont les Coptes ont longtemps fait usage; toutefois on n'a pas déterminé encore les origines de la langue copte elle-même. Est-elle une langue mère? ou existe-t-il une souche commune d'où elle soit sortie, en même temps que la langue amharique et les autres dialectes éthiopiens? D'un autre côté, elle renferme des racines qui sont communes à l'arabe moderne, c'est-à-dire l'arabe de Mahomet. Enfin, on vient à peine de découvrir les vestiges de l'ancien arabe de l'Yémen, de l'arabe hémyarite, dont la recherche avait depuis longtemps occupé en vain les orientalistes. Voilà donc au moins quatre langues qu'il faudrait pouvoir comparer ensemble, avant dé prononcer sur cette face de la question ethnologique. Niebuhr en sentait l'importance ; mais il n'avait pu faire autre chose que de rapporter, sur la foi des gens du pays, qu'il existait dans l'intérieur de l'Arabie des monuments couverts d'anciens caractères. Aujourd'hui on possède des échantillons d'une antique écriture, supposée être l'ancien hémyarite ; on les doit à deux voyageurs anglais, MM. Wellsted et Cruttenden. L'examen de ces caractères, leur forme, la ponctuation à chaque mot, le nombre des figures dont ils se composent, la qualité syllabique de ces caractères, tout me semble annoncer une grande analogie avec les signes de l'éthiopien : mais que de difficultés à résoudre, avant de former son opinion ! Une douzaine de signes, il est vrai, se rapportent assez bien à l'amharique ; mais que faut-il penser des autres ? En second lieu, ce caractère ne peut-il pas avoir été employé à écrire une langue étrangère ? En troisième lieu, les inscriptions trouvées dans le Mahrah, l'Oman et l'Hadramaut, ne seraient-elles pas de purs monuments des Éthiopiens, du temps de la conquête, et de la main des conquérants ? Ce qu'il y aurait de plus démonstratif dans cette question, serait de retrouver encore vivant l'ancien dialecte de l'Arabie australe ; c'est à quoi s'est attaché M. Fulgence

Fresnel, qui vient de nous donner un essai sur le dialecte qu'il nomme *ehkili*, encore parlé par des gens nés dans le pays, gens qu'il a rencontrés à Djeddah. C'est à lui qu'il appartient de recueillir tous les faits de cette ancienne langue, de les rapprocher ensemble et de les comparer aux langues sémitiques. Peut-être le résultat d'un tel examen apportera-t-il un argument de plus dans la question des sources de la population égyptienne; mais quand ce point resterait obscur, les faits et les raisonnements que nous venons d'accumuler ne perdraient rien de leur force, et la conclusion qui en ressort conserverait toute sa valeur.

Suivant Macrisi, l'ancienne écriture hémyarite, appelée aussi *mousnad*, était composée de lettres isolées ou détachées : telles sont celles des inscriptions trouvées nouvellement; mais, selon Ebn-Khilcan, les caractères de cette écriture étaient liés ensemble; opinion qui paraît d'abord tout à fait contraire au témoignage de Macrisi. M. de Sacy les a conciliées par une conjecture ingénieuse : les caractères hémyarites étaient peut-être, suivant lui, des groupes syllabiques comme dans l'éthiopien; tous détachés, mais ayant tous aussi le signe de la voyelle lié avec celui de l'articulation. Il semblerait que cette explication se trouve confirmée par les découvertes récentes des voyageurs; mais il restera toujours à savoir si les inscriptions découvertes ne seraient pas de simples monuments de l'occupation des Éthiopiens [1]. Quant à admettre avec le savant auteur que les lettres éthiopiennes elles-mêmes seraient une importation des Coptes en Abyssinie, que l'écriture serait très-nouvelle en Éthiopie, et même postérieure à l'introduction du christianisme, c'est une opinion qui appartient à une époque où l'on croyait l'écriture d'invention récente dans l'ancien monde : ce temps est passé [2].

Objections, Conclusion.

Après toutes les analogies que nous venons de rassembler, sous les divers points de vue de la civilisation comparée en Égypte et en Arabie : le caractère physique et moral, les monuments et les arts, la religion, la langue et l'écriture, il y aurait encore à examiner les diverses connaissances que les Arabes ont possédées et pratiquées, ce qu'ils ont fait pour la navigation et le commerce, pour les voyages d'exploration, pour l'industrie ou l'agriculture; mais ce sujet

[1] Voyez Mémoires de l'Académie des inscriptions et belles-lettres, tom. L, année 1808, pag. 247 et suiv.

[2] William Jones, persuadé que les Arabes tirent leur origine de l'Inde, croyait l'ancienne écriture arabe semblable au caractère Nagari, mais il n'apportait à l'appui aucun monument concluant.

est trop étendu et sort du cercle que je me suis
tracé. Assez d'indices, de faits et d'arguments
me paraissent avoir été réunis dans les pages
qui précèdent, pour rendre probable l'origine
que j'attribue à la population égyptienne. L'af-
finité qui a existé, et existera toujours entre les
deux pays, suffirait pour en établir l'extrême
vraisemblance. La population moderne de l'É-
gypte a la même source que l'ancienne; la di-
versité qu'on y remarque tient à celle de l'Arabie elle-même, c'est-à-dire, à la différence des
climats et des lieux, à celle des tribus de l'Hedjâz, du Nedjd et de l'Yémen. L'action de celles-ci
s'est fait sentir continuellement, sur le haut du
Nil comme sur le Nil inférieur, sur l'Éthiopie
comme sur l'Égypte, et la réaction de ces deux
contrées sur l'Arabie n'a pas cessé davantage.

Peut-être aurait-il été nécessaire de résoudre
complétement une objection qui s'est déjà pré-
sentée. Si les Coptes ne sont pas le reste des
anciens Égyptiens, comment expliquer la transmission de la langue de ceux-ci à ceux-là, et à
ceux-là seuls? et comment les Arabes n'en ont-
ils, eux-mêmes, conservé aucun vestige?

Assurément, parmi les caractères ethnologi-
ques, le langage est un des plus importants, et
la filiation se prouve assez bien par le fait de sa
conservation : toutefois, ce caractère seul ne suffit
pas. Une langue ne peut-elle pas être imposée

par la force? ou bien encore, adoptée volontairement comme instrument de civilisation? Les Coptes ont depuis longtemps cessé de parler la langue qui porte leur nom; mais avant l'époque où ils en ont perdu l'usage, est-il certain que leur race la parlât de tout temps? Enfin, peut-on nier que la langue arabe renferme des mots égyptiens?

Je n'entrerai dans aucun rapprochement étymologique entre les mots de l'ancien égyptien transmis par les auteurs grecs ou latins et les mots correspondants en arabe. Rossi, dans son dictionnaire étymologique, a peut-être abusé de la ressemblance qu'ils présentent; toutefois, en rejetant ce qu'il a produit de hasardé, on ne peut contester toute analogie entre les deux langues; soit que l'arabe moderne ait fait des emprunts à l'ancien égyptien, soit que celui-ci ait l'ancien arabe pour origine première, ce qu'on doit se garder d'avancer. Or, ce n'est pas l'Égypte bien certainement qui a peuplé l'Arabie, et la langue de cette dernière contrée doit être bien ancienne, à en juger par l'invariabilité du dialecte actuel, qui s'est conservé intact depuis Mahomet jusqu'à nos jours, c'est-à-dire pendant plus de douze siècles. Il faut l'avouer, une telle question philologique n'est pas du ressort d'un mémoire de géographie : je me borne à poser la difficulté, laissant la résolution à la sagacité des orientalistes, et omettant les conjectures que fait naître la question.

Une autre objection peut se tirer des invasions des pasteurs. Si les Arabes sont la souche de l'Égypte, pourquoi, dira-t-on, l'ont-ils, à plusieurs reprises, attaquée, envahie, dévastée? Précédemment, une première réponse a été faite à cette objection [1]; ajoutons ici des considérations nouvelles.

Les rives du Nil inférieur, par leur richesse et leur fécondité, surtout par la constance et la douceur du climat, ont été, de tout temps, un point de mire pour la race arabe et pour la race éthiopienne. La puissance établie pouvait accepter de nouveaux colons, mais non pas la conquête au profit de familles ambitieuses. Aussi voyons-nous la force publique, postée aux frontières du nord-est et du midi, entretenue sur un pied respectable ou même exagéré [2]. Des expéditions éthiopiennes et arabes, tour à tour, ont cherché à déposséder les familles régnantes, et même en sont venues à bout momentanément; telle est l'histoire des nations de l'ancien monde et de tout le genre humain. C'est aux rives du Nil que les Arabes trouvaient abondance de céréales, de fruits, de bestiaux, en un mot, abondance de

1 Voyez ci-dessus page 182.
2 Hérod., liv. II, c. 30.

tout. Ces rapports nécessaires de besoins et d'intérêts, entre l'Arabie et la vallée du Nil, n'ont jamais cessé d'exister, et c'est pour s'asseoir au banquet de la fertile Égypte que les Arabes ont traversé de tout temps la mer Rouge, et les déserts du nord-est, comme ils le font encore de nos jours, et le feront sans doute en tout temps. Là est la principale source de la population de l'Égypte.

Ajoutons encore que les pasteurs qui envahirent l'Égypte, après la XIVe dynastie, étaient, selon Jules Africain, et aussi selon Eusèbe, des Phéniciens (c'est-à-dire des habitants des déserts voisins); plus tard ce furent des pasteurs hellènes. Les premiers s'établirent d'abord dans la préfecture séthroïte, et de là firent irruption sur Memphis [1]; certes, ces hommes-là ne venaient pas de l'Yémen, ils sortaient des déserts de Palmyre; la puissante et indomptable tribu des A'nazéh semble être le reste de ces guerriers d'où sortit la XVe dynastie de Jules Africain.

On demandera encore pourquoi les Éthiopiens ne seraient pas venus, avant les Arabes, s'établir en Égypte : il leur était si naturel de descendre tout le long de la vallée, jusqu'à son embouchure!.. Mais comment ne pas faire attention à la différence des climats? Il y a bien plus d'ana-

---

[1] Syncelli chronographia, p. 61, 62.

logie entre ceux d'Égypte et d'Arabie qu'entre ceux d'Égypte et d'Abyssinie (ou du Sennâr). Les personnes qui se sont laissées entraîner à cette hypothèse (et j'avoue qu'elles sont nombreuses) ont perdu de vue les pluies tropicales; elles ont oublié que la haute Éthiopie est un pays de montagnes; que la végétation y est très-différente [1]. Les Alpes d'Abyssinie sont à peine connues, et l'on sait déjà qu'elles offrent trois étages de terrasses distinctes. L'Égypte, avec ses déserts, a bien plus de rapports avec l'Yémen, l'A'syr et le Nedjd; l'Yémen et l'Égypte sont les pays les plus chauds du globe. L'Égypte est, pour ainsi parler, l'Arabie plus un beau fleuve, avec des rives chargées d'un limon fécondant, toujours renouvelé et toujours inépuisable.

Ces considérations n'empêchent pas de reconnaître que le type arabe a été modifié autrefois par le type éthiopien, quoique assez légèrement, au physique et au moral; celui-ci a changé quelque chose dans le caractère de la bouche et dans la chevelure; mais il est resté à l'autre son œil de feu, son crâne spacieux, ses pommettes saillantes et tous les autres traits de la physionomie arabe. La

---

[1] Voy. Mémoire sur la population de l'Égypte, dans le *Recueil d'Observations et de Mémoires sur l'Égypte ancienne et moderne*, t. IV., pag. 190.

nation a reçu aussi, du mélange avec le sang africain, une teinte de légèreté et une sorte de ten-
dance à la paresse et à l'inaction ; mais elle a
gardé l'imagination orientale et toutes ses qualités natives ; puis une législation sévère est venue
remédier à l'apathie propre au climat.

Au septième siècle de notre ère, après de
longues vicissitudes, les enfants de l'Arabie sont
arrivés à Memphis comme pour retremper la population de l'Égypte, atténuée et altérée par les
Africains, les Grecs et les Occidentaux. On voit la
nation arabe rester toujours la même, partout susceptible de culture et de progrès, soit qu'elle se
porte sur le Nil et sur l'Euphrate, soit qu'elle aille
occuper l'extrémité de l'Afrique ou bien celle de
l'Europe. Partout elle s'approprie et développe les
éléments d'industrie ou de civilisation, de commerce ou de puissance. Dans l'origine, trans-
plantée aux bords du Nil, elle s'abrite sous les
roseaux et les palmiers ; bientôt elle bâtit à l'imitation de ces maisons naturelles. Trente siècles
plus tard, elle construit un autre système social, commandé par un autre élément religieux,
sans cesser de cultiver les sciences et les lettres,
les arts et la philosophie. De magnifiques monuments s'élèvent au Kaire, dignes de ceux de
Thèbes et de Memphis. Peu après, maîtresse de
l'Espagne, elle y développe les germes d'instruction, et, de là, elle donne à l'Occident plus d'un

genre de leçons. En tous lieux, elle se montre patiente et courageuse, aimant à observer, industrieuse et agricole; tantôt inventrice, tantôt habile à imiter les arts et les travaux des autres peuples. Il y a donc bien en elle un caractère de *nationalité* (pour me servir d'une expression moderne), et il est permis d'espérer dans sa destinée.

Dans les écoles nouvelles du Kaire, on voit des Arabes de l'Yémen se distinguer parmi les sujets égyptiens. Ils réussissent dans les sciences médicales, et portent dans leurs études le tact observateur. On peut dire qu'à cet agard l'assimilation est complète entre les Arabes d'Égypte et ceux de la Péninsule [1].

Ainsi, quand on considère le sujet sous tous les rapports, la question sous toutes ses faces, l'histoire dans ses phases principales, le caractère qui a présidé aux arts, aux monuments et aux travaux de toute l'antiquité égyptienne, la physionomie arabe empreinte dans l'immense quantité de figures peintes et sculptées de la Thébaïde, il est presque impossible d'hésiter à reconnaître dans l'ancienne, comme dans la moderne Égypte, la prédominance de la race

[1] L'école d'accouchement, fondée par le docteur Clot-Bey, est fréquentée par des femmes d'Abyssinie qui réussissent également très-bien dans leurs études.

arabe. Avouons-le, cependant, cette opinion ne repose sur aucun passage formel des historiens grecs, chez qui nous sommes habitués à chercher des preuves ; mais il est des questions où l'observation moderne pénètre plus avant que ne l'a fait l'antiquité grecque ou romaine ; ce sont celles qui se rattachent à l'étude comparative et approfondie des monuments, et celles qui se rapportent aux caractères distinctifs des races humaines. L'ethnologie et l'archéologie générales ont été peu cultivées par l'antiquité ; la critique est donc autorisée à prendre ailleurs la base de ses recherches, et surtout à puiser dans l'observation directe de la nature.

Je ne crains pas qu'on m'accuse d'une trop grande préoccupation en faveur de la race arabe, et qu'on me reproche de dissimuler les défauts qui la caractérisent. En effet, je ne les ai point atténués, quand j'écrivais, il y a quarante ans, en présence même des Bédouins et sous leur tente[1]. Je sais que leur caractère de rudesse native, et d'orgueil indomptable, leur penchant à la rapine, les portent souvent jusqu'à la violence et même à la férocité. J'avoue que les tribus de l'intérieur, et même les tribus résidant à une

---

[1] Mémoire *sur les Arabes de l'Égypte moyenne*, dans le *Recueil d'Observations et de Mémoires sur l'Égypte ancienne et moderne*, t. VI, p. 1 et suiv.

faible distance de Médine, ont des mœurs un peu
sauvages, qui semblent repousser toute civilisation. Mais je sais aussi que l'état de guerre conti-
nuel de ces peuples entretient et explique cette humeur farouche. Il est une distinction à faire entre
les Arabes du sud, et ceux du nord ou du centre, ceux de l'Hedjâz et même de l'A'syr. De tout
temps les premiers ont été civilisés par le commerce et par l'agriculture ; aussi, sont-ils, selon
moi, la souche première de cette population
qui a colonisé les bords du Nil, à une époque
qui se perd dans la nuit des temps.

Certes, de la vraisemblance du sentiment que
je viens d'exposer à la certitude mathémati-
que, il y a loin ; mais existe-t-il en problèmes
d'histoire et d'ethnographie beaucoup de choses
démontrées avec cette rigueur ? J'en doute fort.
Ici, du moins, tout est lié, tout s'enchaîne ; les
conditions du climat, de la conformation, du
caractère, sont respectées, et cette opinion, sous
le rapport du degré de probabilité, me paraît
laisser loin derrière elle toutes les autres hypothèses. Elle explique le succès facile de l'armée
d'Amrou, lorsque les Arabes sont venus, au septième siècle, reprendre l'Égypte sur les Romains
dégénérés, triompher des chrétiens épuisés par
les guerres civiles et religieuses, et soumettre une
nation corrompue par le mélange des doctrines,
des sectes et des pratiques les plus diverses ; elle

explique comment ils ont si promptement fait adopter une religion nouvelle.

Au reste, mon sentiment semble aujourd'hui être confirmé par les aperçus de plusieurs personnes instruites et d'observateurs attentifs et érudits, tels que M. Fulgence Fresnel et M. Antoine d'Abbadie : j'ai l'espoir qu'il le sera de plus en plus par les découvertes des voyageurs.

Chez les anciens Égyptiens, il est vrai, nous remarquons de la persévérance dans les entreprises, plus que chez les Arabes modernes; mais il y avait chez eux, un gouvernement établi, stable, ferme et régulier; mais il y avait des lois, ils étaient plus laborieux : la société égyptienne condamnait tout homme au travail.

Si, en donnant la race arabe pour principale souche de la population égyptienne, je ne suis pas remonté au delà, et n'ai pas recherché la souche même de cette race, tout lecteur attentif aura compris que j'ai voulu ne pas étendre une question déjà bien vaste et compliquée.

En résultat, je ne puis considérer ce travail sur l'Arabie (et le lecteur certainement en jugera de même) que comme une simple étude sur un pays tout à fait digne de l'attention des voyageurs, des historiens et des publicistes de l'Europe (et aujourd'hui plus que jamais) : mon but a été d'attirer leurs regards de ce côté, ceux de la France surtout, qui n'est pas si étrangère à la destinée de ces pays que le prétendent des rivaux intéressés à le faire croire, ou bien des hommes qui, désertant les intérêts de notre commerce et la cause de l'honneur national, semblent oublier que notre pavillon peut se montrer partout.

En second lieu, j'ai voulu montrer qu'on avait des idées peu exactes sur la population de l'Arabie : l'A'syr seul suffirait à le prouver. On devra au gouvernement fort et intelligent de Mohammed-Aly d'avoir aplani les obstacles qui empêchaient les Européens de pénétrer facilement dans ces contrées mystérieuses, soustraites de tout temps à leurs investigations. C'est le service qu'il a déjà rendu aux voyageurs sur les bords du Nil, du Jourdain et de l'Oronte, dans les déserts de la Libye et dans les montagnes du Liban. L'Europe savante ne sera pas ingrate pour le prince qui, à force de travaux, à travers mille dangers, a ouvert un champ immense à ses explorations.

Extrait du mémoire adressé au nom de l'Académie royale des inscriptions et belles-lettres [1] *à MM. les Académiciens danois, p. 247 et 256 du volume des* Questions de Michaëlis. *(Amsterd., 1774).*

« Un des points les plus curieux serait de re-

1 Voy. ci-dessus pag. 99.

« connaître la place et l'état actuel de l'ancienne
« Mariaba ou Mareb, autrefois capitale des Ho-
« mérites et reculée dans la contrée d'Hadhra-
« maout ; est-ce l'ancienne Sabâ, comme M. d'An-
« ville l'indique dans sa carte? Sous le règne
« de Dhouhabschan, vers l'an 850 avant J.-C.,
« il arriva une inondation qui ruina la ville
« de Saba, capitale de l'Yémen, et qui sub-
« mergea le pays. Cette inondation fut causée
« par l'écroulement des digues qui contenaient
« les eaux d'un vaste réservoir destiné à l'arro-
« sement des terres. Il serait curieux de savoir
« s'il existe quelque lac dans le lieu qui fut
« inondé ; ou si le pays desséché offre des rui-
« nes de l'ancienne Sabâ. » . . . . .

« On ne peut trop exhorter MM. les Aca-
« démiciens danois à recueillir tout ce qu'ils
« pourront de faits, de noms, de dates, de
« synchronismes, sur l'histoire de l'ancien royau-
« me de l'Yémen ; histoire jusqu'ici très-peu
« connue, mais qui doit avoir été très-inté-
« ressante, puisque c'est celle d'un royaume qui
« a subsisté très-longtemps, d'un royaume vaste,
« guerrier, commerçant, puissant et riche ; d'un
« royaume enfin où les sciences et les arts ont
« fleuri. Leur origine et leurs progrès chez les peu-
« ples sont un fond inépuisable de recherches. »

APPENDICE.

Différentes circonstances qui me forcent de clore ici ce volume, m'empêchent d'y introduire les développements que je voulais donner sur la situation de l'Égypte; cette lacune, que je laisse à regret, sera remplie, si mes forces ne trompent pas mon espoir, dans un écrit spécial sur la réforme opérée en Égypte au XIXe siècle [1]. Cette régénération, œuvre commencée, à vrai dire, il y a quarante ans, mais qui est loin d'être terminée, peut se comparer à un enfantement laborieux : il faut aussi du travail et du temps pour en tracer l'histoire.

Bien des choses ont été faites en Égypte, bien des hommes y ont joué un rôle, et peu d'individus en Europe ont été exactement informés des choses et des personnes. Ce n'est pas qu'on puisse, ou qu'on doive tout écrire; mais il n'y a qu'un petit nombre de personnes à qui il ait été donné de réunir les documents authentiques, de correspondre avec les gens en place, ou d'être en contact avec plusieurs des principaux acteurs. C'est à ceux qui ont joui de quelques-uns de ces avantages qu'il appartient de réunir les maté-

---

[1] Différents points traités dans le présent volume y recevront les développements qui ont été annoncés.

14

riaux, de les mettre en ordre, et de les offrir ensuite au jugement d'un public équitable. En attendant qu'il soit possible de lui présenter un travail de cette espèce, mûri par le temps et la réflexion, nous donnerons ici quelques fragments que la place et le temps permettent d'y introduire [1].

§ I. SUR L'ÉTAT DE LA PROPRIÉTÉ EN ÉGYPTE.

La nature de la propriété en Égypte est une question obscure, ou du moins encore très-controversée aujourd'hui, presque autant qu'elle l'était avant les mémoires de l'institut d'Égypte, et ceux de M. le baron Silvestre de Sacy, publiés dans le recueil de l'Académie des inscriptions et belles-lettres. Il faut distinguer les temps, les gouvernements et les administrations qui se sont succédé; il faut encore distinguer les personnes : on ne l'a pas toujours fait. Si l'on n'établit pas toutes ces distinctions, on peut soutenir avec égale vraisemblance les deux thèses opposées. Ainsi, l'on pourra dire qu'il n'y avait point et qu'il n'y a point de propriété en Égypte, si l'on entend parler des cultivateurs fellahs, surtout depuis la conquête de Sélim. Ces hommes ne possèdent point, ils ne transmettent aucun titre à leurs héritiers.

On peut dire encore que la propriété a existé complétement, si l'on n'a en vue que les moultézims, et les établissements religieux qui ont conservé les biens des

---

1. Ce fragment et le suivant se rapportent à la *partie statistique*, les deux autres à la *partie historique* de cet ouvrage.

dotations pieuses. Les biens de ces derniers sont transmis encore aujourd'hui, je le pense, sans aucun droit dû au fisc; les autres passent aussi aux héritiers, mais avec le droit de rachat, qui s'appellait *Halouán* et correspondait à notre droit de mutation, avec un taux bien moins élevé [1].

Sous ce point de vue très-simple, la question serait facile à résoudre; les propriétés seraient partagées entre l'État, les mosquées et quelques particuliers; la masse de la nation serait depuis longtemps exclue du droit de propriété, et le nouvel état des choses aurait encore augmenté considérablement la part du domaine. On sait qu'en effet, en 1808, le vice-roi s'étant fait représenter les titres des moultézims, en a déclaré le plus grand nombre invalides ou nuls. En l'état actuel, le domaine public est propriétaire de la presque totalité de l'Égypte.

Toutefois, de nouvelles propriétés se forment; le prince a fait des concessions considérables : il a donné, dans ces derniers temps, cent cinquante à cent quatre-vingt mille feddans de terre à des individus *en état de cultiver :* c'est la condition de la donation; en même temps il les a affranchis du myry (l'impôt territorial). Ces terres sont distribuées même à des Européens. On voit que c'est une voie ouverte au rétablissement de la propriété.

Je pourrais citer les exemples de ces donations et les noms des donataires, mais ce détail serait sans intérêt. Le principe seul me paraît digne de fixer

[1] C'était au plus trois années du Fâyz, ou revenu net du moultézim.

14.

l'attention. Il faut ajouter que les terres concédées sont des terrains incultes, abandonnés depuis long-temps, et d'une culture très-difficile; il y a donc beaucoup de frais à faire pour y introduire l'inonda-tion et les mettre en état de rapport.

Ayant posé plusieurs questions sur la matière, à M. F. Mengin, l'auteur des deux premières parties de cet ouvrage, j'ai reçu en réponse les notes sui-vantes; je les mets sous les yeux du lecteur, bien que les solutions ne soient pas complètes : l'observation qui précède expliquera la forme un peu absolue de la réponse donnée à la première question.

1° *Quel est l'état actuel de la propriété en Égypte ?*

« Il n'y a pas en Égypte de propriétés dans « l'acception que les peuples de l'Europe sont dans « l'usage de donner à ce mot. La propriété n'existe « point en fait; le soi-disant propriétaire n'est à pro-« prement dire qu'un usufruitier; il ne peut transiger, « ni vendre le tout ou partie de ses champs. Le gou-« vernement seul a la haute main sur les terres dont « il dispose à son gré, et qu'il fait cultiver selon son « bon plaisir. Si le tenancier est tellement obéré qu'il « ne puisse payer le myry, sa terre retourne au fisc; « le *maimour* du département la concède à un ou « plusieurs autres cultivateurs, aux mêmes conditions « que celui qui a été exproprié. »

1° *Quels propriétaires ont été conservés dans la pos-session de leurs titres, parmi les moultézims [1], les établissements publics et les mosquées ?*

1 Moultézim est le nom que l'on donne aux propriétaires; on le

« Parmi les moultézims, ceux qui possédaient des
« terrains d'*oussyeh* ont conservé leurs titres une fois
« dûment constatés. La plupart des villages avaient des
« terres ainsi appelées : elles provenaient des fellahs
« morts sans héritiers, et de ceux qui, n'ayant pas le
« moyen de les ensemencer, les avaient cédées à prix
« d'argent au moultézim qui en était devenu pro-
« priétaire et qui les faisait cultiver pour son compte.
« Plusieurs jouissent de ces portions de terre qui leur
« ont été conservées et qui ont été reconnues comme
« propriété inaliénable, et non transmissible ; car à la
« mort de celui qui possède, le gouvernement rentre
« dans ses droits au préjudice des héritiers : c'est un
« revenu viager.

« Les établissements publics, et les mosquées sur-
« tout, ont des biens qui leur sont affectés : ils sont
« connus sous la dénomination de *ouâqf* et de *rizâq*
« (fondations pieuses). Les *ouâqf* se font indistincte-
« ment sur des terrains ou sur des maisons, des okels,
« des bains, des boutiques, etc. Les *rizâq* ne s'ap-
« pliquent que sur des terres. Les premiers sont des
« legs particuliers ; on appelle les autres *soultanyeh*,
« c'est-à-dire fondés par les souverains.

« Les *rizâq* les plus considérables appartenaient à
« des cheyks influents qui en jouissaient arbitraire-
« ment. De là naissait une foule d'abus. Le vice-roi
« abolit ces priviléges surannés ; il accorda des pensions
« aux cheyks que cette mesure avait lésés.

donne aussi aux *apaltateurs* et aux autres personnes qui tiennent à ferme
du gouvernement.

« Chaque mosquée a un nâzer chargé d'administrer
« les revenus des *ouâqf* qui lui sont affectés; mais,
« pour arrêter la malversation portée trop loin, le
« gouvernement a nommé un effendy inspecteur des
« *ouâqf*. Il est chargé de surveiller les dépenses et
« de vérifier les comptabilités. »

3° *De quelle nature est la jouissance du propriétaire et celle du tenancier, enfin celle du fellah?*

Cet article rentre dans l'art. 5.

4° *Quel est le mode d'administration pour les terres du gouvernement, c'est-à-dire, à quels frais la terre est-elle labourée, ensemencée, cultivée, récoltée?*

« Les terres appartenant au gouvernement sont la-
« bourées et amendées par les fellahs; on leur fournit
« les instruments aratoires et les bestiaux nécessaires
« à l'irrigation; ils font les récoltes, et sont aussi
« chargés de faire passer les céréales sous le *noreg*.
« Ce sont ordinairement des fellahs qui, n'ayant point
« de terrains à cultiver pour eux-mêmes, sont char-
« gés de ces travaux. Ou les paye à la journée; leur
« salaire est évalué à une piastre en nature ou en
« argent. Ces terres sont les mieux entretenues,
« parce que l'on exerce sur les travailleurs une grande
« surveillance et que les moyens d'amélioration ne
« manquent pas.

« Depuis quelques années, le vice-roi a fait des
« concessions en terres incultes, dites *abadyéh*, à des
« particuliers assez riches pour les mettre en labeur.
« On évalue à deux cent mille feddans le nombre des
« terres ainsi concédées; elles sont exemptes d'impôt

« pendant quatre, six ou huit ans, suivant leur posi-
« tion. Les terres situées de manière à être facile-
« ment arrosées sont dans la première catégorie;
« celles qui sont trop éloignées du Nil, et qui par
« conséquent ne peuvent recevoir l'eau que par des
« moyens artificiels, se trouvent dans la seconde et
« troisième. La faveur du prince influe beaucoup sur
« ces sortes de concessions. Il n'y a d'autre règle
« que sa volonté; heureux celui qu'il a fait participer
« à ses bienfaits. »

*5° Quelle part reste au cultivateur, et quel prix lui
est assigné pour la portion de la récolte qui demeure
en ses mains?*

« Le cultivateur ne peut semer à son gré. Le *mai-*
« *mour* de son département lui trace la ligne qu'il
« doit suivre. On lui indique combien de feddans
« doivent être plantés en coton, combien en indigo,
« combien en lin, combien en blé, fèves, orge, etc.
« Après la récolte, tous les articles étrangers à la
« nourriture de l'homme et à celle des bestiaux, sont
« livrés au gouvernement à des prix fixés à l'avance,
« et transportés par les fellahs aux dépôts établis dans
« chaque canton. Le nâzer du dépôt délivre à celui
« qui a versé, un récépissé, dont le montant est dé-
« duit du payement des contributions s'il ne les a
« point acquittées; ou bien, la somme est payée en
« assignations sur le trésor. Quant aux céréales, le
« cultivateur est libre d'en disposer moyennant un
« droit de dix-huit piastres qu'il paye par ardeb de
« blé. S'il le transporte sur les marchés de Boulâq ou

« vieux Kaire, le droit est de treize piastres et demie
« par ardeb de dourah, de fèves et d'orge. Il n'est
« tenu à rien payer pour ce qui se vend sur les lieux
« et qui sert à sa subsistance. »

6° Quelle révolution a subie la propriété sous les ca-
lifes, sous les sultans mamelouks, sous les Ottomans,
sous l'armée française, enfin sous Mohammed-Aly ?

« Lorsque Amrou s'empara de l'Égypte, sous le ca-
« lifat de O'mar Ebn-el-Kattab, il fut convenu que
« toutes les concessions précédemment faites seraient
« maintenues. Les premières transmissions de pro-
« priétés datent de cette époque : elles avaient lieu
« moyennant une rétribution que l'on payait au
« prince. Ces mêmes usages furent conservés sous les
« califes, sous les sultans mamelouks. Rien ne fut
« changé dans l'administration des terres confiées aux
« coptes depuis les temps reculés ; il ne convenait pas
« à cette nation de rien innover ; les changements,
« quels qu'ils fussent, auraient nui à leur considéra-
« tion, à leurs intérêts. Les coptes étaient aussi chargés
« de l'arpentage et de la tenue des écritures. La dif-
« férence de leur idiome avec la langue arabe devenue
« familière aux Égyptiens, fit naître souvent des con-
« testations entre eux et les gouvernants. Vers la fin
« du règne des sultans mamelouks, on fit fermer leurs
« écoles ; il ne fut plus permis d'enseigner la langue
« copte.

« Telle était l'administration agricole en Égypte,
« lorsqu'elle passa en 1519 sous la domination des
« Ottomans. Selym Ier, qui voulait abaisser la no-

« blesse, prit pour base de ses règlements sur l'admi-
« nistration, que les terres, originairement concédées
« par les princes, appartiendraient désormais au sou-
« verain, ce qui changeait la condition du propriétaire
« en celle d'usufruitier; aussi, à la mort de ce der-
« nier, ses terres tombaient entre les mains du fisc;
« mais il était d'usage que les héritiers les rachetas-
« sent, en payant un droit, toujours fixé arbitraire-
« ment. Solymân II confirma ces dispositions, il fit
« plus encore: il confia l'administration à un defterdar
« qui tenait registre de la totalité des terres, sous l'ins-
« pection d'un pacha qu'il établit au Kaire. Quant
« aux propriétés du fisc, ce goüverneur munissait
« provisoirement le nouveau propriétaire d'un fiman
« qui faisait son titre. Toutes ces institutions étaient
« adaptées aux circonstances. Depuis cette époque,
« aucun changement n'était survenu dans les disposi-
« tions des sultans, quoiqu'elles fussent tombées en
« désuétude par la faiblesse de leurs successeurs et la
« puissance des beys mamelouks. Ceux-ci, habitués à
« gouverner avec le sabre, déclinèrent l'autorité de la
« Porte; tout se réglait suivant leurs caprices; ils dé-
« pouillaient les uns pour enrichir les autres; ils
« s'emparaient souvent, et sans bourse délier, de
« villages entiers, selon leur convenance. Dans le
« principe, ils payaient au pacha, suivant l'ancienne
« coutume, une légère rétribution.

« Le propriétaire n'était pas sûr de jouir d'un bien
« qui était convoité par un homme puissant, quoique
« ses *hedjets* (titres de propriété) fussent émanés des

« bureaux du cady : ce qui se pratique encore au-
« jourd'hui pour tous les immeubles.

« Tel était l'état des choses, lorsque l'armée fran-
« çaise parut en Égypte. Sa présence opéra un chan-
« gement dans l'administration agricole ; on s'empara
« des biens des émigrés, leurs villages furent confis-
« qués au profit du trésor ; mais le propriétaire
« inoffensif conserva ses terres en payant le myry, tel
« qu'il était établi. On abolit les impôts vexatoires,
« tels que le *rafa'-el-mazâlem* (le rachat de la tyran-
« nie), le *koulfeh* (réquisition en nature) et le droit de
« *méatadeh*. Les biens de ceux qui mouraient, pas-
« saient à leurs héritiers, à la charge par eux de payer
« le droit d'enregistrement de 5 pour cent. L'adminis-
« tration des domaines, chargée de la rédaction des
« titres de vente et de transmission, adoucit la rigi-
« dité des mesures en vigueur sous les mamelouks.

« Sous le gouvernement de Mohammed-Aly, l'É-
« gypte a pris un autre aspect. Après l'extinction des
« mamelouks, leurs propriétés passèrent entre les
« mains du prince. Il accorda des pensions aux
« moultézims qui restaient encore, en leur conservant
« aussi les terrains dits d'*oussyeh*.

« Pendant plusieurs années, l'administration agri-
« cole subit des changements que j'ai déjà fait con-
« naître. En fait, les terres appartiennent au vice-roi ;
« il les fait cultiver à son gré, il en dispose comme
« bon lui semble. Les propriétaires cultivateurs ne
« sont que des tenanciers, car celui qui ne peut payer
« le myry est exproprié, et ses champs sont distri-

« bués à ceux qui ont les moyens de les mettre en
« valeur. C'est à ces innovations que l'on doit l'intro-
« duction des nouveaux produits qui couvrent main-
« tenant une partie du sol de l'Égypte. »

La situation du cultivateur sous le rapport de la
propriété, conduit naturellement à considérer les
abus dont il est la victime comme contribuable. Ce
n'est pas sans raison qu'on se récrie contre les exac-
tions exercées sur le fellah lors de la perception de
l'impôt; mais le mal est ancien, il est invétéré; il
n'émane pas du vice-roi qui, ni autour de lui, ni
dans les provinces, n'a assez d'hommes probes et
dévoués à la réforme, pour réprimer avec énergie
ces déplorables abus.

Au reste, le mal est le même, ou pire encore dans
toute la Turquie, même dans les contrées émancipées.
Pour avoir une idée de la manière de lever l'impôt
en Orient, il suffirait de lire une page de Lemprière
(Voyage au Maroc). On y voit que le peuple paye
quatre fois plus en réalité qu'il ne le devrait d'après
la taxation. Il en était ainsi en Égypte sous les mamelouks; cela est prouvé par l'immense richesse des
beys, des kâchefs, des aghas, et de leurs maisons.
Il n'existait pas là un prince souverain comme
dans les régences et dans l'empire de Maroc, mais
il y en avait vingt-quatre! Et comment le *revenu
officiel* de l'Égypte aurait-il pu y suffire? Qu'on se
rappelle le luxe des palais, le nombre des femmes,

celui des domestiques, celui des chevaux, la splendeur des ameublements, la richesse des armes! Est-ce avec quatre millions de francs, le revenu avoué de l'Égypte, le revenu porté aux registres des coptes, qu'on aurait pu y pourvoir? Cette somme n'était que nominale, et l'effectif n'y ressemblait guère: ce ne serait pas exagérer que de le porter à dix fois la somme inscrite.

Les agents coptes, espèce servile et hypocrite, s'entendaient avec la plupart des agents turcs pour dissimuler ces détestables fraudes. Ils semblaient se venger sur les pauvres Arabes de ce que la nation copte était seule soumise à la capitation, et point les musulmans. Est-il étonnant que la multitude de gens qui vivaient d'abus soient encore aujourd'hui acharnés après leur proie? Il est plus difficile au prince d'extirper du sol ces sangsues, répandues partout, qu'il ne l'a été de faire disparaître de la lisière du désert les Bédouins voleurs, ces hommes insatiables de pillage. Le Coran porte l'impôt légal à un dixième : les princes osmanlis l'ont élevé à huit et plus, ou du moins ils l'ont laissé porter à ce taux exorbitant par les avanies des beys et des mamelouks. Une prompte réforme est devenue bien nécessaire dans cette partie de l'administration.

§ II. SUR LA PESTE DE 1835.

On a parlé plus haut, mais succinctement, de la peste violente qui a sévi en 1835, et dépeuplé si cruellement l'Égypte, déjà si maltraitée par le choléra trois ans auparavant. Cette douloureuse épreuve à laquelle

le pays a été soumis a fait éclater de sublimes dévoue-
ments. Je laisse à celui qui en a donné le plus bel
exemple, à mon illustre ami le docteur Clot-Bey, à
raconter tant de beaux traits, à louer dignement ses
émules en courage, et surtout à traiter la question
médicale qu'il va sans doute éclairer de toutes les lumières de l'expérience [1]. La présente note a pour
principal objet de consigner l'opinion de M. F. Mengin,
qui a aussi son autorité comme très-anciennement
résidant dans le pays : il a vu et subi toutes les grandes
pestes au Kaire depuis plus de trente ans ; il parle
comme témoin oculaire, son témoignage n'est pas à
dédaigner : qu'il me soit permis de le faire précéder
de quelques mots sur le même sujet. J'ai assisté aussi
à plusieurs pestes, et j'ai observé surtout les horribles
effets de celle de 1801 qui enlevait trois à quatre
cents personnes par jour dans le Kaire, et jusqu'à qua-
tre-vingts Français, c'est-à-dire dix fois autant que
d'Égyptiens, proportion gardée. Quoique j'aie vécu
avec des pestiférés dans un contact habituel, même
avec un compagnon de voyage qui a succombé, et sans
aucun fâcheux effet, je suis bien loin de nier la contagion et son danger ; mille et dix mille exemples
comme le mien, comme celui des personnes qui,
au milieu de la peste, ont échappé à son action, sont

---

[1] Le docteur Fourcade, mort de la peste au milieu de ses honorables
travaux, mérite d'être cité. Le même honneur est dû au docteur Lachèze
qui a été plus heureux, et à d'autres médecins qui ont secondé leur
digne chef. Je ne puis laisser échapper cette occasion de rendre aussi un
hommage éclatant à la courageuse et belle conduite de M. Ferdinand
de Lesseps, consul de France.

dépourvus de toute valeur contre l'exemple de ceux qui succombent pour s'y être exposés.

Deux erreurs me paraissent également démontrées : celle des gens qui jugent tout contact mortel; celle des gens qui le regardent comme étant sans danger.

Il est, je crois, une opinion moins absolue, et que l'observation finira par rendre évidente : c'est que le *contact est nécessaire, mais non pas suffisant* pour la communication de la peste et son effet mortel. Ce grave sujet devrait, ce me semble, n'être jamais traité par voie de raisonnement, mais par voie d'observation ; les faits seuls devraient être admis dans la discussion.

Que nous apprend l'observation ? C'est que, pendant le règne de la peste, tout individu affaibli moralement ou physiquement, débilité par les excès et les abus d'un genre quelconque, par l'usage immodéré des femmes, du vin ou des spiritueux, aussitôt qu'il s'est trouvé en rapport avec un pestiféré, est saisi par la contagion beaucoup plus sûrement et plus vite que celui qui était dans une disposition contraire. On observe surtout que la faiblesse morale, le chagrin, la crainte et la peur, produisent le même effet que la débilitation physique, et prédisposent à absorber le virus pestilentiel, quelle que soit d'ailleurs sa nature.

Il n'en faut pas davantage pour expliquer la non-absorption de la peste par les individus sains, sobres et tempérants, ou par ceux d'une âme ferme, d'un caractère éprouvé et inaccessible à la peur. N'est-ce pas là encore l'explication du fait qui montre les médecins résistant mieux que les autres à l'épidémie?

S'il en est ainsi, comment oserait-on affirmer que le contact des pestiférés est indifférent ? que la peste ne se contracte pas par cette voie, qu'elle est absorbée seulement par la voie d'infection ? Au reste, ceux qui croient à la contagion, ne prétendent pas que le pestiféré ne soit pas un centre d'infection, et qu'il est sans inconvénient d'y être plongé ; loin de là, en adoptant et en maintenant l'usage des lazarets, ils manifestent une opinion contraire : en effet, un lieu fermé, uniquement habité par des personnes en état de santé, d'ailleurs sain lui-même, ne saurait être soumis à l'infection, autant que les lieux habités par les pestiférés, l'atmosphère des premières étant nécessairement plus saine et moins viciée que celle des personnes qui vivent au foyer de la contagion.

Nous disions que les faits seuls devraient être interrogés dans cette importante discussion, d'où il doit sortir, ou la conservation, ou l'abolition de toutes les mesures prophylactiques. Peut-on alors négliger ce fait si général, observé au Kaire pendant un siècle, savoir, que les consuls et leurs gens, enfermés à temps dans leurs maisons, n'avaient jamais été atteints par la peste ?

Vainement on s'efforce de prouver que la peste est endémique au Kaire et dans la basse Égypte, dans le but de montrer, apparemment, qu'il n'y a pas lieu à l'arrêter aux portes de l'Égypte. S'il en était ainsi, comment se fait-il qu'elle chemine toujours d'Alexandrie au Kaire, et que de là elle remonte peu souvent dans la haute Égypte, et aussi très-peu avant dans l'intérieur? On ne peut pas citer, je crois, un fait de développement spontané de la peste au centre du pays, *antérieurement à l'existence de la peste à Alexandrie.*

Ordinairement la peste éclate à Alexandrie par quelques accidents isolés, pendant les mois d'hiver (décembre, janvier ou février). Mais c'est au mois de mars qu'elle se montre au Kaire, où elle ne sévit guère gravement qu'environ toutes les dix années; puis, selon son degré de violence ou de bénignité, elle monte ou elle ne monte pas dans l'Égypte supérieure. Or, à quelle époque la peste règne-t-elle à Constantinople, dans l'Archipel et en Syrie? Personne n'ignore que c'est principalement dans les mois d'octobre, novembre et décembre; c'est donc à la suite qu'elle fait son apparition à Alexandrie.

La caravane des pèlerins de la Mecque, venant du Maghreb, entre ordinairement à Alexandrie aux mois de novembre ou décembre. Ces hommes, on le sait, arrivent dans un état de misère et d'exténuation pitoyable. J'ai vu deux fois se développer la peste à Alexandrie, après leur débarquement. La peste semble ainsi fondre sur l'Égypte de plusieurs côtés, par les régences barbaresques, par la Turquie et l'Archipel, par l'Asie Mineure et la Syrie.

Tous ces faits n'empêchent nullement d'admettre que l'Égypte étant exposée aux effets de la stagnation des eaux, étant sans police sanitaire, sans règles pour les inhumations, comme pour l'enlèvement des matières animales accumulées par le débordement, il y ait là une cause qui aggrave le fléau, qui aide à le transporter et à le propager [1].

Quoi qu'il en soit, on ne trouvera point dans l'observation et les faits connus, un véritable argument pour faire regarder le contact immédiat ou médiat des pestiférés comme innocent et insignifiant ; il semble qu'il ne devrait y avoir dans toute l'Europe qu'une seule voix pour l'amélioration, mais non l'abolition des lois sanitaires.

Toutefois, il est bien entendu que les usages des lazarets sont vicieux, abusifs, susceptibles de réformes profondes ; et, par exemple, pourquoi ne donnerait-on pas libre entrée à tout vaisseau qui aurait navigué au moins 15 à 20 jours, et à bord duquel aucun accident, aucune maladie n'aurait éclaté pendant la durée du voyage ? Il faut conclure, je pense, que les lazarets doivent être à la fois conservés et réformés.

On va lire une note de M. Mengin, en forme de lettre au docteur Clot-Bey, sur le sujet de la peste ; je la donne à cause des faits qu'elle renferme, et sans y ajouter de réflexions, mais sans partager toutes les opinions de celui qui l'a écrite [2].

---

[1] En ce point comme en beaucoup d'autres, je crois être d'accord avec l'illustre secrétaire de l'Académie royale de médecine, M. Pariset, qui, lui aussi, a donné plus d'un gage à la cause de l'Égypte, cause qu'il considère avec moi comme étant la même que celle de l'humanité, de la civilisation, et celle aussi de l'intérêt et de l'honneur national.

[2] Un des élèves de la mission égyptienne en France, le docteur Moustafa Soubky, a composé sur le sujet de la peste un mémoire qu'il a présenté à la Faculté de médecine, et qui, au dire des illustres profes-

« Kaire, le 3o juillet 1835. »

« *A monsieur le général Clot-Bey, inspecteur des hôpitaux, président du Conseil de santé.*

« Monsieur,

«Vous m'avez demandé avec un intérêt bien loua-
« ble quelle était ma manière de penser sur le carac-
« tère et les particularités de la peste qui vient de
« faucher une partie de la population égyptienne. Je
« vais satisfaire à votre empressement, en soumettant
« à vos réflexions les observations que j'ai été à même
« de faire pendant la durée de cette épidémie, et de
« celles qui l'ont précédée.

« J'ignore quelle est l'origine de la peste; personne
« ne le sait positivement. Tout ce qu'on a dit et écrit
« à ce sujet, n'est fondé que sur des hypothèses.
« Quoique étranger à la science médicale, s'il m'est
« permis d'émettre mon opinion, je dirai qu'elle est
« inhérente à l'Égypte, comme le *choléra morbus* l'est
« au climat de l'Inde, et la fièvre jaune au continent
« d'Amérique et à ses îles.

« Depuis les temps anciens, l'apparition de la peste
« a été plus ou moins fréquente, sa malignité plus
« ou moins intense. Quelquefois elle est restée dix ans
« dans un état de repos. Meurtrière en 1814, elle ne
« reparut qu'en 1824, et de là au commencement de
« 1835 il y a le même intervalle. Quelquefois, elle

seurs de notre école, n'est pas indigne d'être cité. Ce mémoire a été
sa thèse de réception.

« s'est montrée menaçante plusieurs années de suite,
« ainsi que cela est arrivé pendant le séjour de l'ar-
« mée française. Cependant il n'y avait aucune com-
« munication avec le dehors, aucun navire n'approchait
« des côtes de l'Égypte, le passage du désert de Syrie
« était interdit aux voyageurs et aux caravanes. Ne
« pourrait-on pas conclure de là que cette maladie n'est
« point importée en Égypte comme bien des per-
« sonnes le pensent? Je dirai plus : chaque année,
« elle se fait sentir à Constantinople ou dans quelques
« endroits de l'Orient qui ont avec l'Égypte des rap-
« ports directs et continuels. Donc, elle devrait arri-
« ver chaque année, soit dans les ports d'Alexandrie
« et de Damiette, soit par le désert de Syrie, à la suite
« des nombreux voyageurs, ou bien renfermée dans
« quelques balles de marchandises; donc le littoral
« devrait être chaque année infecté, ce qui arrive peu
« souvent. Parfois les premiers symptômes se sont
« manifestés au Kaire et dans la haute Égypte¹; elle y
« est devenue très-intense, tandis que dans le Delta,
« dans la province de Bahyreh et à Alexandrie même,
« il n'y avait que des accidents partiels. Parfois le Kaire
« a été préservé; Alexandrie, avec qui la communi-
« cation était de tous les jours, a été en proie à la
« maladie.

« Une longue expérience, des observations réitérées
« sur les diverses périodes de la peste, me portent à

____

1 Plusieurs de ces assertions sont présentées sous une forme trop
absolue ; et la dernière observation est d'une telle importance qu'elle
serait à constater bien authentiquement. E. J.

« croire qu'elle est endémique et épidémique. Je ne
« puis me refuser à reconnaître qu'elle est conta-
« gieuse, quoiqu'il y ait des raisons contre. Je me
« bornerai à rapporter les faits, il vous appartiendra
« de les méditer.

« Plusieurs causes contribuent à rendre la peste
« endémique : les mares d'eau que l'on conserve près
« des villages pour faire rouir le chanvre et le lin, les
« exhalaisons méphitiques des cimetières où les cada-
« vres gisent pêle-mêle à fleur de terre, la malpro-
« preté dans les villages, la plupart environnés de
« décombres qui empêchent la circulation de l'air, les
« huttes humides et malsaines des fellahs, qui ressem-
« blent plutôt à des cloaques qu'à des habitations
« d'hommes, les germes de l'épidémie qui se conser-
« vent dans l'intérieur des maisons, dans les meubles,
« dans les vêtements; voilà, suivant moi, les causes
« qui rendent la peste permanente en Égypte; mais
« ces causes restent inertes, elles ne produisent aucun
« effet, tant que l'atmosphère n'est pas disposée à les
« développer.

« Les habitants, superstitieux comme tous les peu-
« ples voués à l'ignorance, croient que la peste se
« déclare à la suite d'un hiver pluvieux; ils regardent
« les phénomènes célestes comme des présages; les au-
« rores boréales, un horizon pourpré avant le lever
« et après le coucher du soleil, sont à leurs yeux des
« signes certains d'une calamité publique.

« L'on a vu des terres où la peste s'est propagée

« avec une grande rapidité, ce qui ne peut être l'ef-
« fet du contact. L'on a observé, surtout pendant
« cette dernière épidémie, que des villages situés les
« uns près des autres communiquant sans cesse, les
« uns ont été décimés, tandis que les autres n'ont
« été que légèrement atteints.

« Le village de Sakkarah que chacun de nous con-
« naît, étendu et peuplé, n'a perdu que dix hommes
« qui, ayant été vendre leurs denrées au Kaire, en sont
« revenus malades; ils ont expiré au milieu de leurs fa-
« milles, sans que la contagion ait fait d'autres victi-
« mes, sans qu'il en soit résulté aucun accident pour
« ceux qui les avaient soignés.

« Le petit village de Boucyr, peu distant de celui de
« Sakkarah avec qui il est en communication journa-
« lière, a perdu le quart de ses habitants. Il en a été
« de même de Bedrecheyn avec Myt-raheny; celui-ci
« a été épargné, l'autre a été ravagé.

« Je pourrais vous citer d'autres faits qui ont eu
« lieu dans la province de Gyzéh, où j'ai passé le temps
« de l'épidémie : les villages situés au nord de la pro-
« vince ont été plus maltraités que ceux du sud. Cela
« prouverait davantage qu'il y a des colonnes d'air
« plus ou moins infectées, qui pèsent plus ou moins
« sur tels ou tels villages.

« En 1814 comme en 1824, la peste ravagea
« l'Égypte; la plupart des maisons du Kaire et les vil-
« lages furent plus ou moins infectés. Les effets, les
« vêtements d'une population nombreuse furent im-
« prégnés de miasmes; c'étaient des germes qui de-

« vaient éclore les années suivantes. Eh bien, il n'y
« eut aucun accident, ni en 1815, ni en 1825. D'a-
« près de tels faits, il est difficile de croire que des
« miasmes pestilentiels puissent se conserver dans des
« étoffes et répandre au loin la contagion.

« La peste qui avait coutume de ne point compter
« les nomades au nombre de ses victimes est entrée
« cette fois sous les tentes d'une tribu d'Arabes cam-
« pés sur la ligne du désert en avant du village de
« Boucyr; elle a frappé plusieurs de ces malheureux
« qui ont dû se jeter au milieu dés sables pour se
« soustraire à la mort.

« La peste devient plus meurtrière dans la saison des
« vents *Khamsîn;* à cette époque, toute maladie devient
« pestilentielle : preuve incontestable que l'atmosphère,
« alors chargée de vapeurs insalubres, contribue puis-
« samment à donner à l'épidémie un caractère de mali-
« gnité plus intense. Alors, il est utile de parfumer
« soir et matin ses appartements pour renouveler les
« colonnes d'air, ou les purifier.

« La peste cesse ordinairement d'exercer ses ravages
« vers le 15 ou le 20 juin, époque où la rosée qui
« précède de quelques jours le commencemeut de l'i-
« nondation, répand chaque nuit une douce fraîcheur
« dans l'atmosphèrc qu'elle rend plus salubre. Alors,
« il est nécessaire d'exposer les effets et les vêtements
« au serein. Cette année, l'épidémie a eu des phases
« différentes, elle a fait des victimes jusqu'au 25
« juillet. Ce sont de ces variations que l'on ne peut
« expliquer.

« Les musulmans, fatalistes par principes, ne croient
« pas à la contagion : ils donnent des soins aux mala-
« des, ils les touchent, ils vivent dans la même atmos-
« phère, ils inspirent les émanations de leurs corps.
« Après la mort, le fils s'affuble des vêtements de son
« père, la fille se couvre des robes de sa mère, et il
« arrive souvent qu'aucun n'est frappé. On dira que
« c'est parce que le corps n'est pas prédisposé; que
« lorsqu'il est en moiteur, il rejette au lieu d'aspirer,
« et que dans cette situation on ne court pas le ris-
« que d'être imprégné de miasmes.

« Il est difficile de saisir toutes les nuances d'une épi-
« démie dont les causes ont échappé jusqu'à présent
« aux investigations des plus savants médecins.

« Lorsque la peste se déclare vers la fin de l'hiver,
« en avril et en mai, elle porte un caractère de béni-
« gnité, si l'on peut la qualifier ainsi. Quand elle est
« précoce, comme cette année, elle devient meur-
« trière. Les premiers accidents ont eu lieu, à Alexan-
« drie, au commencement de décembre, et au Kaire,
« à la fin du mois de janvier. Elle a paru avec les
« mêmes circonstances, et les mêmes symptômes que
« la peste de 1791, dite d'Ismayl Bey, qui alors gou-
« vernait l'Égypte; il périt avec la plupart des mame-
« louks et des Géorgiennes.

« On a remarqué que l'épidémie frappait plus vio-
« lemment les étrangers que les indigènes. Les réfu-
« giés moréotes, à qui l'on avait assigné pour demeures
« deux villages, Koueïss près de Gyzéh, et Ibrahymy
« dans la province de Charkyéh, ont tous été victi-

« mes ; les indigènes ont moins souffert. Au Kaire, les
« noirs des deux sexes employés dans les maisons à la
« domesticité ont perdu quinze mille personnes ; ainsi
« des Nubiens et des autres étrangers. Cette ville
« compte cinquante mille âmes enlevées à sa popu-
« lation ; Alexandrie, Rosette et Damiette 6 mille [1] ;
« l'Égypte est veuve de deux cent mille de ses ha-
« bitants . Néanmoins, il est possible d'atténuer les
« effets de ce fléau qui dépeuple l'Égypte ; je crois que
« les moyens à employer pour obtenir un tel bienfait,
« se réduisent à ceux-ci :

« Boiser la ligne du désert par des arbres de haute
« futaie, ce qui aurait le double avantage de diminuer
« d'intensité les rafales des vents de *Khamsin*, et d'ar-
« rêter l'empiétement des sables sur les terres culti-
« vées ;

« Donner plus de profondeur aux sépultures dont les
« fétides exhalaisons nuisent à la santé des habitants ;

« Ne point laisser des eaux croupissantes autour des
« villages ; rendre les habitations des fellahs plus spa-
« cieuses, moins humides, plus aérées ; améliorer le
« sort des habitants, changer l'hygiène qui est vi-
« cieuse.

« Telle est, Monsieur, mon opinion que j'ai souvent
« énoncée sur l'apparition, les progrès et la cessation
« de la peste, de ce fléau destructeur de l'humanité.

« J'ai l'honneur, etc.

« *Signé :* Félix MENGIN. »

1 Peut-être 60,000. Selon M. de Lesseps, le Kaire a perdu 35,000
individus ; Alexandrie 14,000 ; et l'Égypte entière 160,000.   E. J.

§ III. SUR LA MARCHE DES TROUPES ÉGYP-TIENNES DANS L'ARABIE ORIENTALE.

Il a été question fréquemment, dans ces derniers temps, des progrès des armes égyptiennes dans l'Arabie centrale; le gouvernement anglais s'en est préoccupé; l'on commence même en France à tourner les yeux de ce côté. Quoiqu'il soit difficile de parler des faits récents et non consommés, cependant l'importance de ceux-ci me paraît telle pour l'avenir du pays, qu'il est presque impossible qu'ils n'excitent pas l'attention générale. C'est pourquoi je donnerai ici le récit des événements militaires qui ont accompagné la prise de *Dalam* dans le Nedjd (Arabie centrale); auparavant jetons un coup d'œil sur les faits antécédents.

La position des affaires avait peu changé dans l'A'syr et dans l'Yémen, depuis l'insurrection de Turkchè-Bilmès; mais le commerce du café ayant été en grande partie détourné de son ancienne voie, le gouvernement égyptien a vu avec peine le prolongement d'une situation précaire, et il a dû penser, non sans raison, que l'influence anglaise à Mascate et en d'autres points n'y était pas restée étrangère.

Informé qu'il était des projets d'occupation d'A'den, d'El-Qatyf et de Bahreyn, frappé de l'occupation déjà consommée de Karat en face d'Abouchehr[1], ayant des agents sur tous les points pour l'instruire exactement

---

[1] Vulgairement *Bouchir* ou *Abouchir*, nommé aussi *Bender Abou-chehr*. La pêche des perles y est aussi riche, pour le moins, qu'aux îles Bahreyn.

des circonstances nouvelles, il était impossible que Mohammed-Aly ne suivît pas tous ces mouvements avec une
sorte d'inquiétude : cela était dans son devoir, comme
dans son droit, chargé comme il est par la Porte de
la défense des villes saintes, et du gouvernement des
provinces.

Excité sans cesse par les hostilités renouvelées des
successeurs du fameux So'oud, obligé de soutenir à
grands frais des armées dans le sud de l'Hedjâz,
comme dans le Nedjd, harcelé par les incursions
des Wahabis, pouvait-il ne pas surveiller des projets de débarquement de troupes régulières, menaçant à la fois tant de points des pays placés
sous son commandement, ou recommandés à sa
sollicitude? Ces entreprises que justifient, ou non,
de prétendues injures commises par des chefs arabes
contre des vaisseaux de la compagnie[1], donnaient-
elles à celle-ci le droit d'occupation et de possession sur la côte arabe du golfe Persique[2]? ou bien
le gouverneur de l'Arabie pour la Porte Ottomane
avait-il le droit et même l'obligation de protéger les
points menacés par une puissance étrangère? Ce sont
des questions graves qui, pour être résolues, doivent
être pesées dans la balance de la justice, et non pas
jugées dans un seul intérêt, celui du commerce britannique, même appuyé du grand intérêt de la civi-

---

[1] A A'den.

[2] Le prétexte pour Bahreyn est l'existence des pirates arabes, que
l'expédition anglaise n'est pas venue à bout de détruire entièrement.

lisation, motifs qu'il est aisé de mettre en avant dans les circonstances semblables.

En un mot, Mohammed-Aly avait une armée aguerrie, cantonnée dans le nord du Nedjd, à El-Rass, A'neyzéh, Chaqrâ, Derre'yeh, à moins de cent lieues d'El-Qatyf et de Bahreyn, conduite par un général habile autant que brave, et en présence de l'armée wahabite; pouvait-il, pour éviter d'approcher du golfe Persique, reculer devant l'ennemi? Cependant la susceptibilité britannique s'est émue lors de la victoire remportée à Dalam, le 23 ramadan 1254 (10 décembre 1838), par Khourchid-Pacha. Le gouvernement anglais a montré autant de mauvaise humeur que si l'armée de Faysal eût été à la solde de l'Angleterre. Faut-il donc que l'Égypte soit continuellement épuisée par la guerre d'Arabie, et que son gouvernement soit obligé de demander à Bombay ou à Londres la permission d'y mettre une fin? Après la prise de Dalam, le général en chef Khourchid-Pacha était à cinquante lieues d'El-Haça, où les partisans de Faysal commençaient à se reformer; qu'il les ait suivis et dissipés, puis, qu'il soit allé à El-Qatyf, qui n'est plus qu'à 25 lieues de là, c'est ce qui était une conséquence inévitable de la campagne, et le moyen de réapprovisionner l'armée. C'est pourtant cette marche toute naturelle du général égyptien sur El-Qatyf qui a excité de vives réclamations; à l'explosion de ces plaintes a succédé la menace de débarquer plusieurs milliers d'hommes à Bahreyn ¹ et même à Basrah (Bassora).

1 Les îles Bahreyn appartiennent à l'*Aqlím* ou province d'*El-Haça*,

D'autre part, le parti qui dans les conseils de la Porte se montrait le plus hostile à Mohammed-Aly, s'appuyait fortement sur l'Angleterre, ou du moins sur l'envoyé britannique ; par ses conseils, peut-être, on éclatait en menaces violentes, on parlait de brûler le port et la flotte à Alexandrie, on lançait les foudres de l'excommunication. Quatre-vingt mille hommes et des approvisionnements immenses étaient réunis sur les flancs du Taurus, tout prêts à les franchir. Des officiers prussiens étaient appelés dans l'armée de terre, des officiers anglais dans l'armée navale. On soulevait la Syrie, on excitait les Kourdes récemment soumis au sultan, on allait jusqu'à menacer de faire prendre Damas à revers par les troupes de Bassora et de Bagdad.

Et l'on trouve surprenant qu'un général expérimenté comme Khourchid ait songé à une diversion sur Bassora, lieu situé seulement à cinquante lieues du Soudeyr (Nedjd), et même limitrophe du Nedjd ! Négliger cette diversion eût été un non-sens stratégique, une faute d'écolier.

Examiner les derniers événements, discuter les prétentions ou les droits de l'Angleterre sur Bahreyn,

laquelle fait partie intégrante du pays de Nedjd, d'après tous les auteurs, et est une de ses treize provinces ou districts. (Voy. *Notice géographique sur le pays du Nedjd* ou Arabie centrale p. 5, 51 et *passim*, et l'*Histoire des Wahabis*, par M. de Corancez). Quand Ibrahim faisait la conquête du Nedjd, en 1821, et réduisait la capitale des Wahabis, après de sanglantes batailles et de rudes travaux, il ne se doutait guère que dix-sept ans après, l'approche des îles Bahreyn serait interdite aux troupes égyptiennes par d'autres que les Wahabis ou les pirates.

sur A'den ou les autres points de la côte arabique ;
ou bien présager ce que deviendra l'occupation actuelle de plusieurs points de la côte d'Arabie, serait
une tâche au moins prématurée, en présence d'événements qui marchent avec d'autant plus de rapidité,
que la stagnation avait été plus longue et la compres-
sion plus violente. Nous devons nous abstenir de ces
discussions et nous borner à appeler l'attention générale sur ce qui se passe en Arabie [1], pays appelé à
jouer bientôt un rôle, habité qu'il est par une population belliqueuse, travaillé par un schisme religieux,
riche d'anciens souvenirs, presque aussi grand que la
Perse et le Caboul ensemble, interposé enfin entre la
région du Nil et celle de l'Indus, de manière à influer
un jour, quand il sera réuni en corps de nation et
soumis à une seule loi, et sur le sort de la Perse et sur
celui de l'Indostan.

Voici maintenant le rapport officiel sur l'entrée des
Égyptiens dans Dalam, rapport qui fit tant de sensa-
tion à Londres. On ne pourra suivre qu'en partie la
marche des troupes égyptiennes sur la *carte générale
d'Arabie;* c'est sur ma carte spéciale de l'*Arabie centrale* [2] qu'on trouvera tous les lieux dénommés dans
le rapport.

On a vu plus haut (pages 322 et 323), que Faysal,
l'un des fils de So'oud, s'était jadis mesuré avec les Égyp-

---

[1] Il est à croire que le gouvernement français s'occupe aujourd'hui
des moyens d'être éclairé sur ce point par une autre voie que par les ga-
zettes de Bombay, ce qui est le cas maintenant.

[2] Carte comprenant le pays de Nedjd ou Arabie centrale, 1823.

tiens, commandés par Mohammed-Aly en personne.
Il perdit alors une grande bataille, la journée de Koulakh. Comme le *bulletin* nomme le chef de l'armée
ennemie, *Faysal-Ben-Turki*, au lieu de *Faysal ebn
So'oud*, il y a peut-être lieu de présumer qu'il s'agit
d'un autre personnage, non moins intrépide que
So'oud et ses fils ; après l'action il a été envoyé à Médine avec les autres chefs prisonniers.

D'après les nouvelles récentes, l'Arabie prendrait une
face plus tranquille ; la victoire de Khourchid a dû y
contribuer. Le commerce prospère à Djeddah ; les
droits ont été réduits par le gouvernement égyptien
de 16 pour cent, à 10 pour cent, et même à 9 et demi
pour les Européens.

*Rapport de S. Exc. Khourchid-Pacha, général en
chef de l'armée du Nedjd, daté de Dalam, 14
chawal 1254 (31 décembre 1838).*

« Mon départ d'*Anésé*[1] eut lieu le 19 regeb (8 octobre), et le dernier jour du même mois j'arrivai à *Riad*[2],
où j'appris que *Faysal-Ben-Turki* se trouvait dans le
district de *Khardji*[3].

« Le 4 chaban (23 octobre), je me portai sur *Haïr*[4]
avec deux bataillons d'infanterie régulière, six cent
vingt hommes d'infanterie irrégulière, et trois cents

---

1 A'neyzeh. Voir *Carte du Nedjd ou Arabie centrale.*
2 El-Ryâd. *Ibid.*
3 El-Khardj. *Ibid.*
4 El-Hâyer. *Ibid.*

quatre-vingt-quatre cavaliers turcs et arabes. Faysal, fils de So'oud, s'était retiré à *Dalam*[1], lieu de sa résidence ordinaire, qu'il avait fortifié des deux obusiers et deux pièces de campagne qu'il possédait.

« Le 16 chaban (5 novembre) au matin, je fis avancer ma troupe jusqu'à *Mohammedi*[2], situé à trois portées de canon de *Dalam*. L'ennemi, sorti en nombre de cette ville, prit position dans un ancien village en ruine, entouré de dattiers. Après trois heures de combat, il fut débusqué et forcé de rentrer dans ses retranchements, laissant sur le champ de bataille deux cents morts, parmi lesquels soixante-dix des plus fidèles partisans de Faysal, et des cheikhs les plus renommés.

« Le siége de *Dalam* fut aussitôt établi, et cette place cernée de tous côtés, excepté de celui du sud, qui est couvert de jardins plantés de dattiers s'étendant jusqu'à *Zémica*[3], village éloigné de deux milles et occupé par quinze cents hommes. Le nombre des soldats d'infanterie que j'avais à ma disposition n'étant pas suffisant, j'employai la cavalerie à repousser les sorties fréquentes qui avaient lieu du village de *Zémica*. Le 7 ramadan (24 novembre), l'ennemi ayant reçu un renfort de huit mille hommes, vint attaquer nos retranchements ; il fut arrêté par l'infanterie, et la cavalerie qui le chargea, le mit en déroute et le poursuivit

---

1 Ou El-Delem. *Ibid.*

2 Mohammedy, à trois portées de canon de Dalam, doit être d'une faible importance.

. 3 Zémica ; ce lieu étant à deux milles de Dalam, diffère probablement du *Zoumeyqah* de la carte.

jusqu'au désert au delà de *Zémica*. Cette journée lui coûta mille morts et cent prisonniers.

« Pendant que nous remportions cette victoire, la garnison de *Dalam* fit également une sortie dans le but de surprendre une partie de nos retranchements; mais les secours que je me hâtai d'envoyer firent échouer ce projet.

« Une nouvelle tentative fut faite par ceux de *Zémica*, soutenus par *Turki-Hésani*, qui, avec mille fantassins et cent cavaliers, avait vainement essayé de s'emparer d'un de nos convois de vivres. Cette fois, la défaite de l'ennemi, déjà découragé par ses revers, fut complète; il dut abandonner *Zémica*, laissant en mon pouvoir tous les vivres qui s'y trouvaient, ainsi qu'un grand nombre de blessés, auxquels je fis rendre immédiatement la liberté.

« A l'effet de me rendre maître un moment plus tôt de *Dalam* et de là personne de Faysal, j'ordonnai que deux mines fussent pratiquées sous les murs de la ville, et pendant qu'on exécutait ce travail, l'artillerie ne cessa point de battre en brèche. Déjà tout était prêt pour l'assaut du fort de gauche, lorsque trois soldats, déserteurs de notre camp, allèrent prévenir la garnison de nos opérations. Celle-ci, ne se sentant pas capable de soutenir l'attaque, préféra de se rendre, et son exemple fut suivi par les autres partisans de Faysal, qui gardaient les divers points de la place. Faysal, ne pouvant plus compter que sur les habitants de la ville et les *Fedawi* qui étaient à sa solde, chercha son salut dans la fuite; mais, se trouvant cerné et reconnaissant l'impossibilité d'échapper, il se constitua prisonnier. Le 2 du courant (19 décembre), j'ai fait partir Faysal sous escorte, pour *Médine*, accompagné de son frère et de son cousin, également faits prisonniers.

« *Dalam* a été pris le 23 ramadan (10 décembre), après quarante jours de siége. A cette nouvelle, tous les villages du district de *Khardji* ont reconnu l'autorité de SON ALTESSE notre maître, et les cheikhs des tribus qui avaient embrassé la cause de Faysal se sont empressés de se soumettre; de sorte que nou¡ avons tout lieu d'espérer que de semblables événe. ments ne troubleront plus à l'avenir la paix de cette contrée. »

§ IV. SUR LE VOYAGE DE MOHAMMED-ALY DANS LE FAZOQLO.

Un fait qui a passé inaperçu, et digne pourtant de fixer l'attention générale, est l'extrême rapidité avec laquelle sont arrivées en Europe les nouvelles de l'intérieur de l'Afrique, à l'époque du voyage exécuté l'année dernière et celle-ci par le Vice-roi d'Égypte : ce n'est pas une des circonstances les moins singulières de cet étonnant voyage. Qui nous aurait dit, il y a quarante ans, il y a seulement quinze ans, que, des rives du Nil blanc aux rives de la Seine, on aurait des nouvelles en trente-deux jours, et de Fazanqoro, au 10e degré de latitude, en cinquante jours? La navigation à la vapeur qui franchit la Méditerranée en treize journées, parcourt déjà le Nil, ce fleuve si inégal dans son niveau : elle ne franchit pas encore les cataractes ; mais, viennent la paix et la consolidation de l'État égyptien , et le moment ne se fera pas attendre, où les cataractes céderont à l'industrie égyptienne, et ouvriront partout des portes aux pyroscaphes du Nil.

Le voyage de Mohammed-Aly, quoiqu'il n'ait pas rapporté les fruits qu'on en attendait sous le rapport des mines, fera époque dans la vie de cet homme remarquable, à cause des circonstances dans lesquelles il l'a entrepris. En vain les manœuvres les plus hostiles menaçaient ses possessions ; en vain l'on voulait le détourner des fatigues d'un voyage de treize cents lieues, comme étant au-dessus de ses forces ; sa résolution a été inébranlable : famille, amis, médecins ou ministres, craintes, larmes ou prières, rien n'a pu l'arrêter ; il avait un but à atteindre. « Je veux voir par mes yeux », répétait-il depuis longtemps.

Tout le monde sait que, depuis vingt ans, les sables aurifères de Fâzoqlo et des environs ont été signalés au gouvernement égyptien par toutes sortes de personnes, voyageurs, naturalistes ou autres, comme étant d'une exploitation facile et fructueuse. La sagacité du Vice-roi lui a fait présumer de l'exagération dans tous ces rapports ; il soupçonnait même de la fraude. Si ces sables devaient procurer quelques résultats avantageux, il voulait les apprécier, et apprécier aussi les moyens à employer, la dépense à faire, enfin le produit net, qui, versé au trésor, aurait soulagé d'autant le peuple égyptien. Si, au contraire, il y avait déception dans l'affaire des mines, il voulait s'en assurer sur les lieux mêmes, pour mettre un terme à de vains projets.

Sans écouter aucune représentation, il se mit donc en route, n'emmenant qu'un petit nombre de personnes, pour arriver plus rapidement. Il avait avec lui M. Tossizza, consul général de Grèce, M. Lambert, directeur des mines, un autre Français, et le jeune Ahmed Youssouf, un des chimistes de la mission égyptienne en France. M. Lefèvre, minéralogiste français, parti de Paris en toute hâte pour cette expédition, le rejoignit dans le cours du voyage [1]. Parti du Kaire sur le bateau à vapeur le 26 redjeb 1254 (15 octobre 1838), le Vice-roi fut promptement rendu à Syène. Il remonte à Dongolah en quatorze jours; là il quitte le Nil, monte à cheval, et traverse en sept jours les déserts montagneux qui sont au midi; le 23 novembre il était à el-Khartoum au confluent du Nil blanc et du Nil bleu. Il croyait y rester quelques jours seulement, mais les dahabyéh ou barques de l'expédition se firent attendre très-longtemps; il fallut demeurer vingt-quatre à vingt-cinq jours, et ce n'est que le 15 décembre qu'on put partir d'el-Khartoum; en cinq jours, on atteint Sennâr; en six jours Réseyrès, où on demeure quinze jours. Là, le Vice-roi monte encore à cheval, se porte en six jours à la montagne de Fâzoqlo et y demeure six jours; enfin,

---

[1] M. Lefèvre est resté sur les lieux, occupé des recherches relatives à l'exploitation, surtout des mines d'argent qui annoncent un bon produit.

16.

il arrive à Djebel Fazanqoro le 1ᵉʳ février [1]; c'est le terme de sa course, il y séjourne onze jours.

Le 12 février, le Vice-roi se remet en route par eau; il est à Barbar en treize journées, et y reste trois jours; il monte un dromadaire, arrive à Ouâdy-Hamad, en six jours; à Ouâdy-Halfah en six jours; il s'y embarque, se rend à Syène, trouve le pyroscaphe à Esné, et arrive au Kaire le 15 mars, juste le jour où il l'avait fait annoncer de Fazanqoro, par des lettres du 3 février. Cet itinéraire m'a été fourni récemment par Ahmed-Youssouf lui-même, à son passage à Paris [2]. Si on déduit cinquante-huit jours de séjour en allant, et cinquante-neuf en revenant, le voyage entier du Kaire à Fazanqoro, aller et retour, n'a duré que deux mois et 24 jours. Il y a environ quinze cents lieues, si on suit le cours du Nil; mais, en faisant par terre le trajet de Dongolah à el-Khartoum, et celui de Barbar à Ouâdy-Halfah, le chemin n'est plus que de douze cent cinquante lieues environ.

Ainsi nous voyons l'illustre vieillard voyageant pen-

---

1 Cet itinéraire sera contrôlé plus loin par l'extrait du journal du Kaire, où est insérée la relation du voyage.

2 Ahmed-Youssouf, qui est aujourd'hui chef de la monnaie du Kaire, est envoyé en Amérique pour y étudier l'extraction et l'exploitation des mines d'or. Il était l'un des six Égyptiens que j'ai appliqués, en 1828, à l'étude des arts chimiques. Il est remarquable que le Vice-roi, au milieu des préoccupations d'une guerre prochaine, et après le passage de l'Euphrate par l'armée turque, ait été assez confiant en sa fortune pour se priver d'un utile serviteur et lui confier une mission outre-mer. Un autre exemple pourrait être cité, celui de Omar-Effendy, arrivé récemment de la Jamaïque, où il était allé étudier la fabrication du sucre.

dant cinq mois de suite, tantôt à cheval, tantôt sur
un dromadaire, répondant à ceux qui lui avaient préparé une litière : « Je ne suis pas encore assez vieux
pour ne pas monter sur un chameau. » Toujours
gai et d'humeur égale, pendant le cours du voyage,
insensible à la fatigue, donnant à tout le monde
l'exemple de l'activité.

Les essais des sables aurifères dans le Fâzoqlo furent
faits devant lui. Les tribus africaines vinrent lui rendre
hommage. Il fit rendre la liberté à cinq cents esclaves
qui allaient être conduits au marché d'el-Khartoum, ou
livrés aux officiers des troupes égyptiennes, cantonn-
nées au Kordofan, à Sennâr et ailleurs, et il recom-
manda aux anciens Chillouks et chefs des autres peuplades une conduite plus humaine.

On sait que l'essai des sables aurifères a présenté
un bien faible résultat: par quintal de matière, il n'y
a pas un grain d'or ; on estime le produit d'un quintal
à trois piastres d'Égypte (6o à 75 centimes). Ce résultat
est à peu près le même que celui qu'a donné à Paris
l'analyse de trois échantillons que m'avait adressés le
gouvernement égyptien en 1838, et que M. Berthier,
inspecteur général des mines, membre de l'Institut, a
bien voulu examiner sur ma demande, au laboratoire
de l'École royale des mines.

On voit par ce récit que le Vice-roi est resté aux mines quinze jours, et qu'il a employé ce temps à s'instruire du véritable état des choses, à se concilier les
populations. Il est probable que n'étant pas demeuré à
Sennâr, il aura profité de son séjour à el-Khartoum

pour porter son attention sur les affaires d'Abyssinie,
et sur les caravanes du Darfour, et s'occuper des questions de commerce comme de celles d'agriculture. La
lettre que je vais rapporter, fait voir qu'il songeait aux
voies de pacification avec les princes d'Abyssinie. Plus
loin, je donnerai l'extrait du journal du Kaire qui
renferme toute la relation du voyage [1].

« *Extrait d'une lettre de M. Tossizza, consul général
de Grèce en Égypte, accompagnant S. A. dans son
voyage aux mines de Fazoglou.*

« Khartoum, 15 décembre 1838.

« . . . . . Le retard que nous occasionnent les dahabiéh a un peu contrarié son altesse; mais on devait
s'y attendre. Il se trouve à Khartoum beaucoup de
médecins et pharmaciens européens, de même qu'un
grand nombre de négociants de tous pays, des Grecs,
des Arméniens, des Turcs, paraissant ne pas craindre
l'influence du pays. Les étrangers qui résident ici, et
tous les indigènes en général s'accordent à vanter la
richesse des mines. Les rapports faits au pacha semblent exagérés, incroyables même; mais bientôt nous
pourrons nous convaincre de ce qui existe réellement,
et alors je vous donnerai des informations précises à

---

[1] C'est à MM. Tossizza, Lambert et Lefèvre qu'il appartiendrait de
donner au public une relation complète de cet intéressant voyage; ils
peuvent être assurés que cette relation sera accueillie avec un extrême
intérêt.

ce sujet. Néanmoins le voyage de S. A. ne saurait manquer d'avoir les plus heureux résultats.

« On a reçu avant-hier des lettres d'Ahmed-Pacha gouverneur du Sennâr, qui annonce son départ et celui de ses troupes pour Fâzoqlou; aussitôt arrivé à cette destination, ce général, d'après les ordres qu'on lui a transmis, devra faire construire des habitations, et préparer tout ce qu'il croira nécessaire pour recevoir S. A. et sa suite. Ahmed-Pacha est certain que le simple appât d'un gain journalier lui permettra de réunir au besoin soixante à soixante-dix mille travailleurs. Un grand nombre de cheykhs de différentes tribus ont déjà fait leur soumission; on présume que ceux qui ne se sont pas encore présentés, ne tarderont pas à le faire. M. Lefèvre, ingénieur, est allé explorer une montagne située près de Sennâr, où l'on assure qu'il se trouve des mines d'argent.

« Dès que les travaux d'exploitation seront en activité, on ira reconnaître une montagne nommée *Djebel Toul*, située à quatre jours de Fâzoqlou, qui n'a point encore été visitée, MM. Boréani et Russiger ne s'étant jamais écartés de Fâzoqlou. Il existe une autre montagne nommée *Djebel Beny Changoul*, voisine de la première, et qui n'a jamais été explorée par personne. S. A. a ouï dire que ces deux montagnes renfermaient des mines très-riches; ce que les indigènes en rapportent paraît hors de toute probabilité.

« L'expédition pour le Nil blanc a été remise à l'été prochain; le retard des dahabiéh a provoqué cette décision, d'autant plus que dans ce moment les eaux de ce fleuve sont extrêmement basses. L'expédition recevra des vivres pour un an [1].

« La nombreuse tribu nommée Chillouk doit envoyer prochainement son cheykh offrir ses hommages à S. A. ; un voyageur français, M. Thibaut, qui a visité cette tribu, s'est offert d'aller trouver le cheykh ; S. A. lui a fait délivrer des lettres avec lesquelles il est parti : on l'attend de jour en jour. L'envoi des cadeaux destinés à l'Abyssinie n'a pas encore été décidé.

« Le gouverneur et les cheykhs de Kordofan, qui sont venu présenter leurs hommages à S. A., ont fait connaître qu'il existait dans les dépôts près de huit mille quintaux de gomme de l'année dernière, qui descendront bientôt. Ils assurent aussi que les pluies ayant été très-abondantes cette année, la récolte des gommes sera considérable. S. A., afin d'encourager les cultivateurs, a augmenté le prix de 12 piastres par quintal, et leur a annoncé, pour l'année prochaine, la liberté du commerce de cet article, et de beaucoup d'autres produits du pays. S. A. ayant appris que le commerce des dents d'éléphant éprouvait de telles difficultés que les négociants se trouvaient obligés de les envoyer dans un port de la mer Rouge, où elles étaient vendues pour les Indes, a promis de donner toutes les facilités pour que ces marchandises pussent prendre leur route naturelle d'Égypte.

---

1 Il s'agit d'un grand voyage aux sources du Nil, pour lequel Linant-Bey a été désigné depuis longtemps. Personne n'est mieux préparé que cet ingénieur français pour diriger l'exploration, et lui faire porter des fruits abondants.

« La fertilité de la province de Khartoum n'a point échappé à S. A. qui ne négligera rien pour sa culture. Le coton croît ici facilement ; il est de bonne qualité et préférable même au Maqo : présentement le pays en produit peu, mais il sera très-facile d'en augmenter le rapport.

« *P. S.* Les dahabiéh sont enfin arrivés aujourd'hui, et nous partirons ce soir. »

Autre lettre.

Beled Médené, 19 décembre 1838.

« S. A. vient de recevoir une lettre de M. Lefèvre qui se trouve à la montagne du Sennâr, où il a été envoyé pour reconnaître une mine d'argent que M. Russiger a visitée lors de son voyage et dont l'existence est connue des habitants du pays. M. Lefèvre écrit aussi qu'il a découvert une autre montagne qui n'a jamais été explorée et qu'il croit très-riche en mines d'argent.

Je terminerai cet article en donnant la *Relation du voyage de Mohammed-Aly*, traduite de l'arabe, d'après le *Courrier de l'Égypte*, journal qui s'imprime au Kaire. Pour la traduction de ce morceau curieux, j'ai eu recours aux lumières et à l'obligeance de mon savant confrère M. Reinaud ; successeur de M. de Sacy dans la chaire d'arabe de l'école des langues orientales. Ce n'est pas la première fois qu'il a bien voulu me prêter son secours, et je lui en témoigne ici publiquement ma reconnaissance. M. Reinaud fait observer que ce morceau est en prose rimée.

Les noms de lieux et quelques noms d'hommes sont transcrits en caractères arabes; ce soin était indispensable à cause de la différence que présentent plusieurs noms, comparés à ceux qui sont généralement admis en géographie, tels que celui de *Fazoql* ou Fazoqlo, écrit ici *Fyzouly*, avec omission du *q*[1], et *Fazangoro* (ou Fazanqoro), écrit ici *Qazanforo*, sans doute par transposition. Le lecteur trouvera dans cette relation plusieurs choses neuves sur la géographie de la Nubie supérieure, en même temps que des preuves nouvelles de l'activité qui distingue le Vice-roi. On dira avec raison que ce personnage extraordinaire fait exception parmi les musulmans; cependant j'ajouterai qu'on se trompe généralement en Europe en prenant pour de l'apathie et de l'incapacité l'inertie apparente des Orientaux. La réflexion est souvent suivie, chez eux, de résolutions aussi vives, de mouvements aussi subits, qu'on pourrait l'attendre des Européens; quand ils ont pris un parti, ils l'embrassent avec une force et une persévérance qui leur font oublier les privations, la fatigue et les dangers. Nous leur avons longtemps reproché leur ignorance; mais nous-mêmes, n'avons-nous pas ignoré ce qu'ils valent et ce qu'ils peuvent? A ce dédain a succédé enfin un peu d'attention; l'orgueil européen, excité par l'intérêt, est forcé aujourd'hui de leur rendre quelque justice. Quoi qu'il en soit, voici la relation.

1 Ou à cause de l'omission des points sur le ڧ.

« *Extrait du Courrier de l'Égypte, nᵒ 618, Supplément, en date du 6 du mois de safar de l'année 1255 de l'hégire (21 avril 1839).*

« *Relation du voyage de Mohammed-Aly dans le Sennâr et le Qazanforo et de son retour.*

(Traduction abrégée).

« Les personnes versées dans la connaissance de
« l'histoire et des pays savent quels efforts le Vice-roi
« a faits, depuis son avénement au pouvoir, pour civi-
« liser et faire prospérer les peuples soumis à son au-
« torité. Les nègres ont été aussi l'objet de cette solli-
« citude; le Vice-roi n'a rien négligé pour les tirer de
« l'état de barbarie et d'anarchie où ils étaient plongés
« et les faire participer aux bienfaits de l'humanité; il
« leur a appris à ensemencer les terres et à jouir des
« avantages du commerce.

« Le commerce fait par les nègres, consistait en or
« natif, en peaux, en gomme et en dents d'éléphant.
« On pouvait induire de là que leur pays renferme des
« mines d'or, et c'est ce qui se lit dans certains livres
« de géographie. Le Vice-roi crut devoir honorer ce
« pays de sa présence, afin de s'assurer par lui-même
« de l'état des choses. Déjà il avait envoyé dans ces
« régions plusieurs mineurs, et ceux-ci avaient remar-
« qué des particules d'or dans les terrains et les rivières
« situés aux environs de Qazanforo [1].

قزنفور. C'est le lieu appelé communément Fazanqoro.

« Le Vice-roi était dans l'intention de voyager par
« eau, et l'on sait que la navigation du Nil est entravée
« par de nombreuses cataractes ; il fallait d'ailleurs son-
« ger au temps où le fleuve servirait dans toute sa lon-
« gueur de voie de communication aux voyageurs et
« aux personnes adonnées au commerce ; il fallait éri-
« ger un monument qui se perpétuât jusqu'à la dernière
« génération.

« Des hommes furent expédiés du Kaire et des autres
« villes voisines du Nil, pour briser les rochers qui
« obstruaient le passage ; ces hommes étaient munis des
« divers instruments nécessaires. On devait commencer
« par la cataracte d'Assouân ; quelques dahabyéh et
« autres navires devaient ensuite franchir le passage et
« remonter le fleuve, afin d'explorer les deux affluents
« du Nil qui forment la *presqu'île de Sennâr* [1] ; celui qui
« coule à l'occident se nomme le fleuve Blanc, et celui
« qui coule à l'orient s'appelle le fleuve Bleu. Ces deux
« rivières se réunissent à quatre heures de marche au
« nord de la ville d'*el-Khartoum* [2], qui est une des
« échelles de la presqu'île. On avait choisi pour cet
« objet soixante hommes de la flotte, trois capitaines
« expérimentés, et un écrivain chargé de tenir note de
« tout. Ces hommes étaient montés sur trois dahabyéh
« munis de toutes les choses nécessaires.

« Enfin le Vice-roi se mit lui-même en route,
« le 26 de redjeb de l'année 1254. Parmi les personnes

[1] جزيرة سنار.

[2] الخرطوم.

« qui l'accompagnaient, on remarquait le consul gé-
« néral de Grèce appelé Tossizza, lequel avait demandé
« à être du voyage.

    « Le Vice-roi était embarqué sur un bateau à vapeur.
« A peine on fut arrivé à sept heures de marche, en
« face du village d'*el-A'tf*, le bateau toucha le sol,
« et ne put plus avancer. Le Vice-roi donna les ordres
« nécessaires pour le mettre en état de marcher; en
« attendant, il monta sur un autre navire, et continua
« sa route. Le premier du mois de cha'bân, il arriva
« à son palais situé près de Minyéh; il s'arrêta deux
« jours dans ce palais pour s'occuper des besoins du
« pays; sur ces entrefaites, le bateau à vapeur l'ayant
« rejoint, il reprit sa navigation et arriva à Assouân
« le 9 de cha'bân. Les dahabyéh s'étaient réunies au-
« près de la cataracte d'Assouân; le passage ayant
« été reconnu impossible pour le bateau à vapeur, le
« Vice-roi monta dans une des dahabyéh; la flottille se
« mit en route le 11 du mois, et passa successivement
« devant Korosko, Ouâdy-Halfah et A'bkah [1]. Le 17,
« elle franchit les cataractes de Semnéh et de Kesendje-
« réh [2]. Là le Vice-roi monta sur sa grande cange, et à
« onze heures et demie du jour, il franchit la cataracte
« d'Ambekoh [3]. Il passa la nuit en ce lieu, attendant
« l'arrivée des dahabyéh; et n'ayant ni de quoi se
« couvrir ni de quoi manger, ne recevant aucune

1 كرسكو وادى الحلفة عبكة.
2 سمنة كسنجرة.
3 امبكوه.

« nouvelle de sa flottille, il revint en arrière et trouva
« les dahabyéh arrêtées au milieu des rochers. A force
« de soins, et en employant la voile et la rame, on
« parvint à les tirer de ce mauvais pas, et après avoir
« réparé les dégâts faits aux navires, l'on se remit en
« route.

« Le 20 et le 21 de cha'bân, la flottille franchit, après
« beaucoup d'efforts, les cataractes de Teymoun, des
« Beny-A'kâchéh et de Dâl [1], Sokkot, et, le 22, la
« cataracte de Kâdjyâr [2]. Le 23, elle franchit la cataracte
« de Hek [3]. Au passage de la cataracte de Kâdjyâr,
« la dahabyéh, montée par le Vice-roi, se trouva au
« moment d'être emportée par le courant, et chacun
« se disposait à sortir. Le Vice-roi tint bon, et com-
« mandant lui-même la manœuvre, échappa au danger.
« Il n'y avait pas d'exemple que des dahabyéh eussent
« remonté le Nil à cette hauteur, sans l'aide de cordes,
« et qu'elles eussent navigué de nuit dans des lieux
« hérissés de rochers. Les marins égyptiens firent
« preuve en cette occasion d'un courage et d'une
« adresse extraordinaires. Arrivé à Dongolah, le Vice-
« roi s'arrêta deux jours, pour attendre les navires
« qui étaient en retard. Le 26, il se mit en route, et
« arriva le lendemain à Amboukol [4]. Là on fit observer
« au Vice-roi que le Nil faisait un long détour, et

1 نيهون بنى عكاشة دال.
2 كاجيار.
3 حكك.
4 امبكول.

« qu'il serait plus court pour lui de prendre la route
« de terre. Le Vice-roi employa les trois jours suivants
« à préparer des montures, et tandis que la flottille se
« rendait par eau au port d'el-Khartoum, il se mit en
« marche à travers un désert de sable (Khor-el-Bayou-
« dah). On remarqua en ces lieux quelques arbres
« pétrifiés par le temps.

« Le Vice-roi ne s'arrêtant ni de jour ni de nuit
« arriva le 5 de ramadan au matin, à la montagne de
« Rouyân [1]. Là il reçut Mohammed Medyn [2], frère ca-
« det du sultan de Dârfour [3]. Deux ans auparavant, ce
« prince, maltraité par son frère, avait pris la fuite, et
« s'était mis sous la protection du Vice-roi. Le Vice-
« roi promit au prince de lui faire rendre justice, et
« lui accorda la permission de prendre le عرقية مقصبة,
« et l'épée dorée, deux choses qui, chez les nègres, sont
« les symboles de la puissance. Ahmed-Pacha, gouver-
« neur des provinces nègres, lequel se trouvait alors
« à Ouâdy Médénéh [4], reçut aussi la permission de
« baiser le pan de la robe du Vice-roi.

« Le Vice-roi arriva le 6 de ramadan à el-Khartoum,
« par eau. La ville d'el-Khartoum était naguère un
« hameau composé de cinq tentes ou de dix maisons
« bâties en briques. L'ancien gouverneur des provin-
« ces nègres, Khourchyd-Pacha, trouvant l'air qu'on

روبان ١.

مدين ٢.

دارفور ٣.

وادى مدنة ٤.

« y respire, sain et tempéré, y fit construire un palais,
« une mosquée, des jardins, et excita les personnes de
« sa suite à s'y bâtir des maisons. Aujourd'hui el-
« Khartoum renferme une *caserne* [1], un *hôpital* [2], et
« quatre ou cinq cents maisons. L'on y trouve des rai-
« sins, des figues, et des grenades.

« On a vu que le Vice-roi avait franchi en six jours
« et demi l'espace situé entre Ambekoul et el-Khar-
« toum ; les dahabyéh mirent trente jours dans leur
« voyage, et arrivèrent à el-Khartoum à la fin du mois
« de ramadan.

« Quelques jours après leur arrivée, le Vice-roi
« remonta sur sa dahabyéh et se dirigea vers le
« midi. Arrivé au lieu appelé Serouah [3], il rencontra
« le prince Youssouf, fils de Bâdy [4], qui demanda à être
« réintégré dans les États de son père, ce qui lui fut
« accordé. En route, les personnes de la suite du Vice-
« roi se livrèrent au plaisir de la chasse et de la pêche.
« On traversa Ouâdy Médenéh, qui renferme deux
« ou trois cents maisons, une caserne pour neuf esca-
« drons, un hôpital, un magasin [5], et un vaste marché
« qui est ouvert pendant trois mois de l'année; on
« passa devant le port de Sennâr, Serouah et leurs dé-
« pendances. Personne ne songeait aux fatigues qui

1 قشلة.
2 اسبتالية.
3 سروة.
4 الملك يوسف بن بادى.
5 شونتة.

« avaient précédé, et on n'était plus occupé qu'à s'amu-
« ser. Depuis Khartoum jusqu'à Reseyrès [1], on avait
« continuellement devant les yeux l'oiseau *i'ráqy* [2], les
« oies et les poules sauvages qui animent le pays.

« On arriva à Reseyrès le 10 de schaoual. Là le Vice-
« roi reçut le sultan Teymah [3], oncle du roi du Darfour,
« ainsi que le cadi et le mufti du Kordofân, qui furent
« revêtus d'un habit d'honneur. Le séjour du Vice-roi
« en ce lieu fut de quinze jours. On y fit la chasse à la
« girafe, et on mangea de sa chair pour en connaître le
« goût. Il fut reconnu que le goût de la chair de la gi-
« rafe est le même que celui de la chair de veau. —
« Le Vice-roi reçut également à Reseyrès l'ingénieur
« des mines et dix des personnes qui sont employées
« à traduire du français en arabe.

« Le 25 de chaoual on se remit en route, et on
« passa successivement la nuit à Ferestou, à Djeloulah
« et à el-A'kebàt [4]. Ensuite la tente du Vice-roi fut
« dressée sur la montagne de Fyzouly [5] (ou Fazouqlo),
« à la distance de vingt et une journées d'el-Khartoum.
« Là on se mit à construire un palais pour le Vice-roi,
« et dans le voisinage, une caserne, un hôpital et des
« magasins.

« Les habitants de ces contrées sont musulmans et

1 رسيرس.
2 طيرعراقى.
3 نيبهة.
4 فورستو جاولة العقبات.
5 فيزولى.

« suivent le rite de l'iman Malek ; quant aux peuples
« situés au delà, chacun a sa religion particulière. On
« y remarque trois espèces de populations ; les uns
« sont citadins, d'autres habitent la campagne, quel-
« ques-uns sont montagnards. Les montagnards res-
« semblent aux bêtes brutes, n'ayant aucune connais-
« sance des choses de ce monde. Lorsque le meryséh et
« le belbel manquent [1], deux choses qui se rapprochent
« du moût de raisin et de la bière [2], ils en sont réduits,
« en général, aux feuilles d'arbres ; malgré cela, leur
« corps, qui est huileux, est fort et robuste ; leur vê-
« tement consiste dans une pièce de peau pourrie,
« qu'ils s'attachent au-dessous de la ceinture. Leur vie
« se passe dans l'ignorance et la paresse, et leur prin-
« cipal objet de vente et d'achat, c'est.... نوع البنى.

« On remarque chez eux un objet en bois, appelé
« anqeryb [3], et qui leur sert de siége. L'homme puis-
« sant et honoré chez eux est celui qui, lorsqu'il est
« pressé par la faim, dévore les cordes faites avec des mor-
« ceaux de peau. Ces peuples ne se sont jamais rendu
« compte de la prééminence de l'homme sur les ani-
« maux, et ne font pas de distinction entre la terre et
« le ciel. Quant aux Barâbrah [4], la guerre et les hosti-
« lités auxquelles ils sont continuellement exposés, et

---

1 المريسة البلبل.

2 الشعيرة والبوزة.

3 عنقريب

4 البرابرة.

« le manque de sécurité, les empêchent de songer à
« labourer et à ensemencer la terre.

« Les personnes qui avaient à souffrir le plus de ces
« incursions regardèrent l'arrivée du Vice-roi comme
« le plus heureux des événements; elles implorèrent
« sa pitié et le supplièrent de prendre leur défense.
« Le gouverneur se rendit vers la montagne de Thây[1]
« pour engager les habitants à renoncer à leurs habi-
« tudes inhumaines. Malheureusement il existait des
« sujets d'hostilités entre diverses peuplades de la con-
« trée. Un détachement, auquel était attaché un bin-
« baschi[2], enleva quelques bestiaux auprès de la mon-
« tagne de Reqzyq[3] (ou Reqryq), une des ramifications de
« celle de Thây; il enleva, de plus, cinq cent quarante
« individus, hommes, femmes et enfants. Le gouverneur
« voulant gagner l'amitié de ces populations, mit en
« liberté les captifs et rendit les bestiaux; avant de
« renvoyer les captifs, il les pourvut d'aliments et des
« autres choses dont ils avaient besoin; il donna même
« des habits d'honneur à cinq de leurs anciens.

« Le Vice-roi apprit sur ces entrefaites que, suivant
« la vieille coutume du pays, il avait été fait des cap-
« tifs des deux sexes dans les montagnes situées du côté
« du Kordofân[4]; il ordonna aussitôt d'établir ces captifs
« sur les bords du fleuve Blanc, ou, si les localités ne

1. جبل طايني.
2. بييكباش.
3. رقريق.
4. كردفان.

« permettaient pas cela, de les laisser retourner dans
« leur pays.

« En même temps, le Vice-roi excita les habitants
« du Dongolah et les populations de race barâbrah[1] à
« semer l'indigo, promettant de les laisser libres de
« disposer de leurs récoltes comme ils voudraient; il
« leur fit même fournir, par les fabriques appartenant
« au fisc, les objets propres à faciliter cette culture.

« Trois ingénieurs avaient été désignés pour aller ex-
« plorer la mine d'or située en face de Qazanforo, sur
« les bords du Nil. Les ingénieurs ayant annoncé que
« leurs recherches n'avaient pas été vaines, le Vice-
« roi voulut s'assurer de l'état des choses; le 17 de
« doulkadéh, après huit jours de séjour à Qazanforo,
« il se remit en marche, et, prenant le chemin le plus
« court, il arriva en cinq heures sur les lieux. Aussi-
« tôt, on dressa sa tente, et il fut décidé qu'on bâti-
« rait là une ville considérable, une ville qui renferme-
« rait un palais, des maisons, des rues, des magasins,
« une caserne, un hôpital, des jardins, qui serait en-
« tourée d'un mur, enfin une ville qui serait appelée
« du glorieux nom de Mohammed-Aly, et qui ferait
« l'orgueil du pays des nègres.

« Pour donner une idée de l'état d'ignorance du
« pays, et de la fertilité de son sol, il suffira de dire
« que la hache, instrument usité dans le Dongolah,
« était ici inconnue. La nature y était pour ainsi dire
« abandonnée à elle-même; quand la saison des semail-

---

1 اقسام بربرة.

« les était venue, on prenait un morceau de bois pointu
« avec lequel on déchirait les graines de dourah et de
« coton ; ensuite on introduisait ces graines dans la
« terre : la graine germait au bout de très-peu de temps
« et donnait un produit plus abondant qu'en Égypte,
« où l'on emploie cependant des instruments compli-
« qués et où la culture se fait à grands frais. Le Vice-
« roi ne négligea rien pour inspirer aux habitants le
« goût du travail et des lumières. Voulant gagner l'a-
« mitié des chefs, il les appela auprès de lui et leur
« donna des habillements d'honneur, proportionnés
« au rang de chacun. Ses faveurs étaient accueillies
« avec beaucoup de reconnaissance ; en effet, comme
« dit le poëte, quel mets ne satisferait pas l'homme qui
« meurt de faim, et quel vêtement n'honorerait pas
« l'homme qui est nu ?

« Le Vice-roi prononça un discours devant les no-
« tables du pays pour les exciter à envoyer leurs en-
« fants s'instruire en Égypte ; plusieurs se laissèrent
« persuader ; un cheikh du pays, qui n'avait pas d'en-
« fant, promit d'envoyer un de ses neveux.

« Vingt des officiers des mines avaient reçu chacun
« cent feddans de terre, pour être livrés à la culture.
« Chaque cheikh fut invité à fournir deux hommes
« qui devaient travailler sous la direction des ingé-
« nieurs, et propager les nouveaux procédés. On excita
« les habitants à cultiver l'indigo, le coton et la canne
« à sucre, et on promit de n'exiger d'eux aucune es-
« pèce de droit pendant les deux premières années.
« Le Vice-roi, pour les encourager, dit que l'année

« suivante, si les circonstances le lui permettaient, il
« viendrait les visiter de nouveau.

« Le 18 de doulkadéh, le Vice-roi retourna à la
« montagne de Fyzouly; les oulémas, les cheikhs
« et les personnes notables du pays se présentèrent à
« lui pour lui faire leurs adieux. Au moment du départ
« du Vice-roi, ils témoignèrent une vive douleur, res-
« sentant ce qu'a ainsi exprimé le poëte : Ton image ne
« s'effacera pas de mon cœur, quand même mille val-
« lées me sépareraient de toi.

« Le Vice-roi remonta dans sa cange le 19, et se
« trouva le 27 de retour à el-Khartoum. Il y eut dans
« le trajet des endroits où il fallut soulever la cange à
« force de bras, à cause de l'amas des cailloux et du
« faible niveau des eaux. Le séjour du Vice-roi à el-
« Khartoum fut de trois jours. Les habitants parais-
« saient disposés à se mettre à labourer et à ensemen-
« cer la terre, comme il le leur avait conseillé. La ville
« d'el-Khartoum était devenue un lieu de commerce
« important, et des personnes de toutes les religions
« et de tous les pays, Francs, Grecs, Coptes, s'y étaient
« établis. Le Vice-roi ordonna de construire pour les
« chrétiens une église; mais les chrétiens, qui appar-
« tenaient à des communions diverses, demandèrent
« qu'on les laissât libres de se réunir chacun comme
« ils le jugeraient convenable.

« La contrée appelée A'tmour Barbar [1] présentait de
« grandes difficultés pour les hommes et leurs montu-

____

1 عتمور بربر.

« res, et se refusait aux communications commercia-
« les. Le Vice-roi manifesta l'intention qu'il avait con-
« çue précédemment de faire faire là un chemin de
« fer. Il ordonna à M. Lambert d'aller visiter les mines
« de fer de Kordofân, et d'examiner s'il ne serait pas
« possible d'établir un chemin entre le Kordofân et
« le Nil.

« Le Vice-roi quitta el-Khartoum au commence-
« ment du mois de doulhâdjeh; comme les eaux étaient
« basses, il rencontra des difficultés au passage de la
« cataracte. Sa cange fit eau; le navire où se trouvait
« le consul de Grèce s'ouvrit. Il fallut se hâter de faire
« les réparations indispensables.

« Le 10, on arriva au lieu appelé Abou-Hamad [1]. Le
« Vice-roi s'y arrêta quatre jours pour attendre les
« montures nécessaires. Son intention était de prendre
« la route du A'tmour, là où commence la montée de
« Dongolah; après quatre-vingt-douze heures d'attente,
« trois chevaux seulement se trouvant disponibles, il
« dit: Grâce à Dieu, je jouis d'une bonne santé et je
« me suis mis depuis longtemps en état de voyager sur
« un dromadaire. Il partit donc le 14 d'Abou-Hamad,
« et s'engageant dans les sables, il atteignit, le 20 au
« matin, Korosko; il franchit, dans sa cange, la cata-
« racte d'Assouân, et arriva au Kaire, après une absence
« de cinq mois et quatre jours. »

Le Courrier de l'Égypte termine la relation par trois

[1] ابوحمد.

grands tableaux que je ne publie point à cause des inexactitudes que j'y ai remarquées. Les deux premiers sont des itinéraires : le premier indique tous les jours d'arrivée dans les divers lieux, depuis Assouân, le 9 cha'bân (28 octobre 1838), jusqu'à Qasbah Mohammed-Aly, la ville de Mohammed-Aly, près le Djebel Qazanforo (le 1er février 1839); le second, tous les jours de départ, aussi depuis Assouân jusqu'à Qasbah Mohammed-Aly. Les autres indications subséquentes pour le retour sont, dans la relation, rapportées succinctement. Entre les deux tableaux, est une petite colonne indiquant la latitude approchée, mais souvent défectueuse, de 25 positions.

Le troisième tableau donne les hauteurs solaires, prises jour par jour, en degrés et minutes (à 15 minutes près), depuis le 11 cha'bân (30 octobre 1838) jusqu'au 19 de dhoulkadé (5 mars 1839). Je ne crois pas qu'il y ait rien à tirer de ce tableau, qui paraît rempli de fautes d'impression.

FIN DE LA RELATION DU VOYAGE DE MOHAMMED-ALY.

ADDITIONS ET CORRECTIONS.

Page   5, ligne 3 : *Notice géographique, etc.*, lisez *Études géographiques et historiques sur l'Arabie, avec des remarques ethnographiques.*

—   6 à 81, titre courant : *Histoire de l'Égypte*; lisez *Études géographiques et historiques sur l'Arabie.*

—   37,   —   16 : *Sáda*, lisez *Sa'da*.

—   52, ligne 13 : *Bech-ham*, lisez *Bechahm*.

—   91, ligne 8 : au nom de M. Léon de Laborde, — ajoutez celui de M. Linant.

—   94, à la note. Le nom de M. Botta devait figurer ici. Ce jeune naturaliste, fils du célèbre historien, vient d'exécuter l'ascension du mont Saber à l'est de Moka.

—   114, ligne 5 : le docteur Mackell a présenté à la Société asiatique de Bombay, le 28 novembre 1836, des inscriptions plus anciennes que celles de Nakab el-Hadjar, copiées par M. Wellsted, et qu'on croit provenir de Ma'reb; voir *Substance of a note on the ancient figures and inscriptions, from Marab*, etc., dans l'*Oriental christian Spectator*, vol. VIII, p. 630.

—   124, ligne 12 : les hypogées de Bizhah dans la vallée de Doan, à 4 ou 5 journées de Moukallah, sont dans le style égyptien, et antérieurs à ceux du Hidjr, qui sont eux-mêmes très-anciens. (Lettre de M. Fresnel à M. Jomard, 12 mai 1839).

—   210 et suivantes, titre courant : *études*, etc., ajoutez *et sur l'Égypte.*

—   210, ligne 11 : après le mot *Égypte*; ajoutez (*sur*

l'administration de l'Égypte, par Michel-Ange Laucret.)

Page 216, ligne 9 : *O'mar el-Kattab*, lisez *O'mar el-Khattab*.
— 255, ligne 15. Le mot *a'rqyéh* عرقية signifie une sorte de bonnet caractéristique d'une dignité.

INTRODUCTION à l'*Histoire sommaire de l'Égypte*, de M. F. Mengin, page XXV. — Hannâ-Bahry-Bey, intendant général et grand trésorier, est un Syrien; ainsi la Syrie est gouvernée par un homme du pays. On lui doit la réforme du système monétaire, et la fixation de la piastre d'Égypte au vingtième du talari ; on sait quelles variations subissait le cours de la piastre.

TABLES

DES MATIÈRES.

TABLE

DES NOMS DES PERSONNES CITÉES.

(VOYAGEURS EUROPÉENS ET ORIENTAUX.)

FIN DES TABLES.

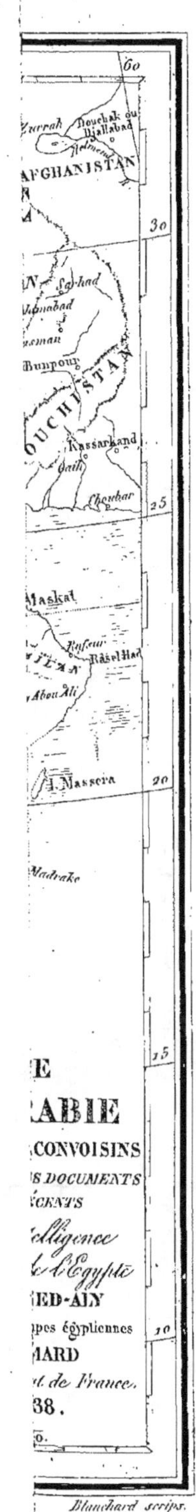

Zurrah
Douchak ou Djallabad
Helmend
AFGHANISTAN
Sahad
Jdnabad
usman
Bunpour
OUCHISTAN
Kassarkand
Gaih
Choubar
Maskat
Ruseur
Râsel Had
Abou Ali
JIAN
I. Massera
Madrake
60
30
25
20
15
10
E
ABIE
CONVOISINS
S DOCUMENTS
CENTS
elligence
L'Egypte
ED-AIN
pes égyptiennes
HARD
t de France.
38.
o.
Blanchard scrips.

Longitude du Méridien de Paris. 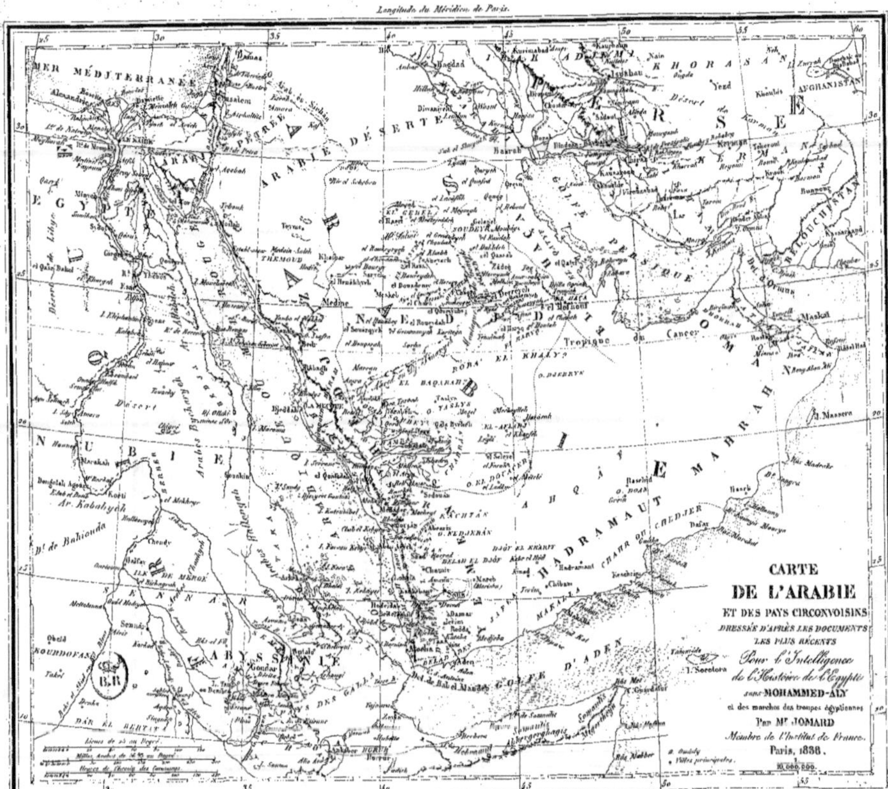
MER MÉDITERRANÉE
ARABIE DÉSERTE
EGYPTE
NUBIE
SENNAR
KOURDOFANS
ABYSSINIE
PAYS DES GALLAS
GOLFE D'ADEN
HADRAMAUT
CHAÎNE DU CHEDJER
I. Socotora
Tropique du Cancer
PERSE
BELOUCHISTAN
OMAN
CARTE
DE L'ARABIE
ET DES PAYS CIRCONVOISINS
DRESSÉE D'APRÈS LES DOCUMENTS
LES PLUS RÉCENTS
Pour l'Intelligence
de l'Histoire de l'Égypte
sous MOHAMMED-ALY
et des marches des troupes égyptiennes
Par Mr JOMARD
Membre de l'Institut de France.
Paris, 1838.
1 / 10.000.000.
Ville.
Villes principales.
Jacobs del. & sculps.
Blanchard scrips.

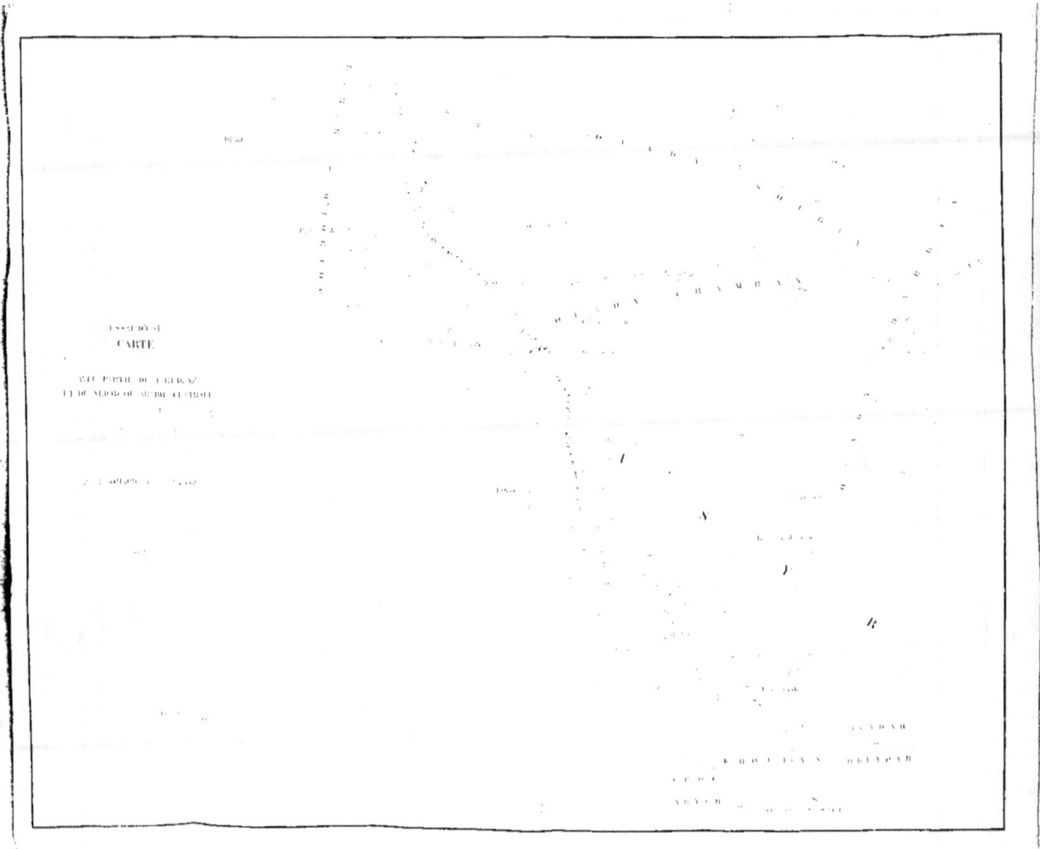

ESQUISSE D'UNE
CARTE